ISBN 978-0-266-33703-4
PIBN 10388028

Chan. D. NOUSSAN

~~~~~~

FRAGMENTS

D'HISTOIRE VALDÔTAINE

Le pont romain et les ponts modernes de Châtillon. — Anciennes peintures du couvent de Sainte-Catherine à Aoste. — L'extinction des censes dans la Vallée d'Aoste. — Affranchissement des censes ecclésiastiques. — Extinction des tributs féodaux à St-Vincent, à Cly et à Aymaville. — Les Œuvres de bienfaisance à Aoste dans les trois derniers siècles.

AOSTE

IMPRIMERIE CATHOLIQUE

3582

Chan. D. NOUSSAN

FRAGMENTS

ET

NOTES

D'HISTOIRE VALDÔTAINE

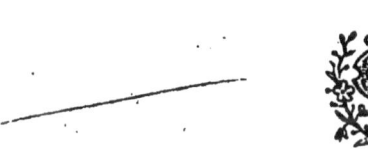

AOSTE

IMPRIMERIE CATHOLIQUE

1906

LE PONT ROMAIN

et les ponts modernes de Châtillon

Qui n'a vu et admiré, à Châtillon, les trois ponts étagés qui traversent le Marmore ?

Le plus récent est celui du nord, sur lequel passe aujourd'hui la voie provinciale et qui relie le bourg à Chaméran ; il a été construit en 1766. « C'est, dit Aubert, un remarquable monument, dont l'arche unique, élevée de 41 mètres au-dessus du niveau des eaux et large de 22 mètres, franchit le précipice avec une hardiesse surprenante. »

A une distance de 85 mètres en aval, se trouve un autre pont, qui aboutit au sanctuaire de Notre-Dame-des-Grâces et porte la date de 1754. Les assises reposent sur les culées même du pont romain, qui est à 2 mètres au-dessous et dont il ne reste plus qu'une étroite arcade cintrée, élevée de 30 mètres au-dessus du torrent (1).

---

(1) La voie consulaire, après avoir passé au dessous de la bourgade actuelle de Châtillon, traversait le pont romain, s'élevait ensuite au plateau de Ventoux et se dirigeait à Breil, à travers la région dite *Les Sarrasins*. Dans cette dernière localité, à un kilomètre environ du pont susdit, on voit encore, entre la Doire et la nouvelle route, construite en 1879, deux murs de soutènement de la route romaine ; le principal a une hauteur de m. 6,50 et une longueur de 23 mètres.

A en juger par ses culées, le pont romain avait, y compris les deux parapets, une largeur de m. 5,80 et une longueur, entre les deux berges, de 15 mètres. Le pont moderne, qui le surmonte, conserve à peu près les mêmes proportions.

De Tillier et la plupart des historiens de la Vallée d'Aoste, affirment que le pont romain fut détruit, en 1691, par les troupes françaises (1). Promis,

---

(1) L'année 1691 a été pour notre pays, ou du moins pour le Valdigne, l'année la plus néfaste qui fut jamais. Fatigué des prétentions insupportables du roi Louis XIV, Victor-Amédée II avait fini par conclure, le 3 juin 1690, un traité d'alliance offensive et défensive avec les ennemis de la France, qui avaient formé la ligue d'Augsbourg. Louis XIV s'en vengea en faisant envahir immédiatement le Piémont et la Savoie.

Le Duché d'Aoste s'attendait à être envahi à son tour, dès le printemps suivant. C'est pourquoi, le Conseil des Commis, faisant des prodiges d'activité, avait pourvu d'urgence et de son mieux au rétablissement de l'ancien camp du prince Thomas et à la défense du pays. Mais ces préparatifs n'étaient rien en face des besoins du moment. De leur côté, les troupes de l'Etat, occupées dans des guerres, ailleurs, ne pouvaient marcher au secours de nos frontières, et les milices valdôtaines, c'est-à-dire quelques centaines d'hommes, allaient se trouver seules en face d'une armée nombreuse et aguerrie.

Tout-à-coup, le 18 juin 1691, une armée française, composée de mille dragons à cheval et de cinq mille fantassins, sous le commandement du général de la Hoguette, vint camper à La Thuile, et après avoir bravé toute résistance, descendit le lendemain jusqu'à La Salle, brûlant et saccageant tout et se livrant à toutes sortes d'excès et de violences.

Le 20 juin, l'armée arriva à Aoste. « Le 21, dit une note manuscrite du colonel Eugène-Gaspard de Tillier, oncle de

et après lui quelques autres écrivains, parmi lesquels le chanoine Georges Carrel dans sa notice
sur *La Vallée de Valtornenche*, Ratti et Casanova
dans *la Guida illustrata della Valle d'Aosta*, prétendent qu'il tomba par un effet de sa construction
défectueuse.

Citons ici le passage de Promis relatif à ce pont :
« La bella struttura degli spalloni di opera qua-
« drata di tufo delle Alpi fiancheggia a grande
« elevatezza il torrente, poi svoltando ne' fianchi
« va con rivestimento di schegge e di opera in-

---

l'historien, les Français ont fait un gros détachement de cava-
lerie et d'infanterie et l'ont fait marcher pour reconnaître
Bard. Ils sont descendus jusqu'à Châtillon, où ils ont campé
quelques jours et partagé leur détachement, qui est allé jusqu'à la portée de fusil du château de Monjovet, d'où ils sont
revenus sur leurs pas. »

Le 25 juin, le Conseil de la Cité d'Aoste, mis dans l'al-
ternative de payer une somme énorme, ou de voir la ville
et les paroisses, livrées au pillage et au feu, s'engagea à
payer aux Français, en deux rates, la contribution complexive
de deux cent mille francs en argent, denrées, meubles et
bestiaux, et de fournir en outre six ôtages, choisis parmi les
personnages les plus apparents des Trois Etats.

Le 28, toutes les troupes françaises décampèrent d'Aoste,
se dirigèrent lentement vers le Valdigne et s'arrêtèrent quelques jours à La Salle, à Morgex et à La Thuile, répétant
partout les mêmes scènes d'incendie et de dévastation. L'ar-
rière-garde repassa enfin le Petit-Saint-Bernard le 6 juillet.

Voir de plus amples détails sur cette guerre désastreuse
dans l'*Historique* de De Tillier et dans les deux monogra-
phies : *L'Invasion française dans la Vallée d'Aoste*, par le
prof. Sylvain Lucat, secrétaire chef de la Ville d'Aoste, et
Les Recherches historiques sur le Valdigne par Benjamin Favre.

« certa ad addossarsi alla rupe. Scendendo tra gli
« scogli alla riva del Marmore se ne gode una ve-
« duta stupenda, e si può notare che il ponte an-
« tico era largo m. 5,80 (come quelli di S. Martino
« e S. Vincent); che nelle faccie esterne di tutti i
« cunei e di tutti i massi stanno i buchi fattivi
« per l'entrata dei forbicioni o delle ulivelle; che
« gli spalloni vi sono di diseguale altezza, assai
« maggiore essendo quello di destra numerante ben
« diciasette corsi di massi, mentre quello di sinistra
« non ne conta che otto; che il diametro della luce
« è di circa quindici metri; che le curve vi sono
« concentriche, e finalmente che l'arco è ridotto
« ad una sola zona verticale di cunei. Della rovina
« del ponte danno gli scrittori locali mala voce
« agli eserciti francese e piemontese guerreggianti
« in val d'Aosta nel 1691, i quali lo avrebbero mi-
« nato: ma, a vero dire, la ragione del suo sfa-
« sciamento sta nella sua struttura istessa, la quale
« distinta verticalmente in nove zone (cinque di
« cunei e quattro di emplecton, come al ponte S.
« Martino) senza legamenti che le congiungessero
« ed incatenassero, si sconnesse ed aprì in modo
« tale che una sola zona di cunei vedesi tuttora
« a luogo: ora egli è certo che l'effetto della mina
« non avrebbe giammai lasciata intatta codesta
« zona, abbattendo le altre otto che la stringevano,
« e le erano contermini, e poi gli spalloni nulla
« hanno sofferto: sicchè vedesi che la rovina fu
« motivata da una causa intrinseca, di mal intesa
« costruzione, non già da scoppio o da cagione o
« forza esteriore ».

(Le Antichità di Aosta).

Quelle que soit l'autorité de Promis, elle est ici en défaut : les conjectures doivent céder le pas aux documents, et ceux que nous allons présenter sont originaux et authentiques ; ils proviennent d'une ancienne famille de Châtillon et datent de l'année 1691 même.

Le premier document, signé Castellet, syndic de Châtillon, dit que « le pont Marmoire, ouvrage des Romains, fut abattu par les ennemis ». Bien qu'il y eût encore un petit pont en bois jeté sur le Marmore à quelque distance et au-dessous du pont démoli, la reconstruction d'un autre pont sur l'ancienne voie romaine était de toute nécessité pour les habitants de Châtillon et des environs, et c'est pourquoi le syndic Castellet recourut en toute hâte au gouverneur du Duché, le marquis Joseph de Mesmes Marolles, pour obtenir une ordonnance qui eût obligé les communes du mandement voisin de Cly à contribuer à la dépense. Le décret désiré ne se fit pas attendre : il est daté du 6 juillet 1691 (1) et porte, avec le cachet du gouverneur, sa signature et celle de son secrétaire Joseph Jouty. Il fut notifié, dès le 8 juillet suivant, aux syndics de Veraye, de Saint-Denis, de Chambave, d'Antey et de Valtorneuche (2).

---

(1) C'était le jour même où les dernières troupes ennemies quittaient le Petit-Saint-Bernard et rentraient en Savoie.

(2) Les paroisses de Diémoz et de Torgnon ne figurent pas ici avec les autres cinq paroisses du mandement de Cly. C'est que Diémoz ne formait, alors comme aujourd'hui, qu'une commune avec Veraye ; à Torgnon, la notification fut probablement signifiée un autre jour ou par une autre voie.

Comme cet ordre trop concis, obscur et incomplet aurait, dans son exécution, étrangement favorisé Oly au préjudice du mandement de Châtillon, celui-ci fit dresser aussitôt un autre recours, sous forme de mémoire légal, que l'on envoya au Procureur Général du pays.

Ce recours indiquait d'abord le jour même — 24 juin 1691 — où le pont romain avait été démoli par les Français et démontrait ensuite que le nouveau pont devait, d'après le *Coûtumier*, être reconstruit aux frais du Duché, ou autrement, « à rate de foage (1) », par les communautés susdites, ainsi que par quelques autres qui en profitaient aussi fréquemment.

Voici le texte des deux recours, dont nous venons de parler :

Ier Recours

Au tres Illustre Seigneur Marquis de Marolle Grand Baillif et Gouverneur du Duché d'Aoste.

Remontrent tres humblement les Communiers de Chatillion que le pont marmoire ancien ouvrage des Romains dernierement abbatu par les ennemis construit sur le torrent venant du montservin separant le mandement de Chatillion d'avec celui de Oly est mytoyen entre Chatillion et Oly tout de même que le dit torrent, en façon que les sindics de Valtornenche et autres paroisses du dit Mandement de Oly sont en obligation d'agir couiointe-

---

(1) Sur les *foages,* voir De-Tillier, *Historique,* p. 345.

ment des suppliants vers le general du pays (1) ou de concourir en rate pour le retablissement du dit pont qu'est le suiet qu'ils recourent.

Concluant ordonner aux dits sindics de Valtornenche et autres du dit Mandement de Oly de se joindre avec les suppliants aux fins susdits à peine de tous dams et dommages.

CASTELLET Sindic (2).

Nous ordonnons aux suppliants de faire signifier notre ordre aux contribuables avec le présent decret par lequel nous leur ordonnons de devoir concourir pour leur part au frais du dit pont que nous voulons être retably de bois au même endroit, et d'y en employer autant qu'il en sera nécessaire pour le rendre sur pour le passage.

Aoste le 6 julliet 1691.

J. DE MESMES MAROLLES.
Par mon dit Seigneur
J. JOUTY secrétaire.

La copie de la présente, du decret et de l'ordre a esté remise aux sindics de Veraye, Saint-Denis et Chambave, le huictiesme juilliet 1691 par le soubsigné envoyé expres.

JEAN LORENT LUBOZ.

Du jour huictiesme julliet mille six cent nonante un la requête et decret sus escript sont estés inthimés aux scindicqs de Valtornenche et Anthey en presence de Jacques de Conoz et mre petre Navilliod noz au devant les domicilles d'honnorable Panthaléon Mus par je

JEAN ANDRÉ MESSELLOD notaire.

---

(1) C'est ainsi qu'on appelait l'administration du pays.

(2) C'est vraisemblablement le noble Etienne-Philibert Castellet, qui vivait encore en 1719.

II° RECOURS.

La question consiste :

Si le pont marmoire entre Chatillion et Cly qui avoit été construit au temps des Romains et subsisté jusques au 24 juin 1691 qu'il a été demoli par les ennemis doit être retabli par le general du Pays ou bien par ceux de Chatillion et de Cly comme abboutissants, et si par les derniers egalement a rate de foagè ou par moitie, encor que Cly soit composé de 180 foages et Chatillion de 48 seulement.

Il n'y a point en tout le Duché d'Aoute aucun pont si necessaire au public et pour le chemin ducal que celui la, car la decente de Chatillion en haut pour la route du Piémont et de la Val de Sezia l'on ne peut passer ailleurs ; en montant il sert pour la route du montservin, grand et petit St-Bernard et autres passages ; le Prince et le Pays ont concouru pour le pont de Villeneuve (1) qui

_____

(1) Ce pont est celui de *Pan-perdu*, abattu aussi en 1691 et qui est peut-être, de tous les ponts de notre Vallée, celui qui a été le plus souvent emporté par les inondations, détruit par les armées ennemies et reconstruit par la commune de Villeneuve, avec le concours des communes voisines ainsi que des princes et du pays. — (Voir le XVII° Bulletin de la Soc. Acad. de S. Anselme, p. 30). Les dépenses faites par Villeneuve pour la reconstruction immédiate de ce pont ne furent examinées et approuvées que cinq ans plus tard, en 1696, par un délégué du Conseil des Commis, le seigneur Philibert-Amédée Arnod, le même qui avait déjà été chargé, en juillet 1691, de faire remettre en état tous les ponts depuis la Cité en haut. (Ancien registre de dépenses et four-

ne sert que pour la route du petit St-Bernard. Il semble qu'à plus forte raison le Pays soit tenu au dit retablissement puis mêmes qu'il a été construit par les Empereurs et qu'il se retablit en cet endroit pour la seule commodité du public et avec des frais du tout excessifs a cause du precipice et de la profondeur du torrent et que pour la communication des propriétés d'entre Chatillion et Cly il leur suffiroit le pont existant un peu plus bas construit à peu de frais. Or comme cet ouvrage se fait pour la seule commodité du public *secundum naturam est eum pati incommoda quem sequuntur commoda,* joint que c'était une espèce de forteresse (1).

---

nitures de la communauté de Villeneuve). Par conséquent, le concours du prince et du pays, dont il est question dans ce mémoire, ne concerne pas le rétablissement du pont de *Panperdu* en 1691, mais en l'année 1680 et à d'autres époques antérieures.

(1) Cette forteresse, démolie en 1691, occupait sans doute, sur le bord oriental du Marmore, l'emplacement d'une ancienne maison, déjà mentionnée dans une transaction, qui eut lieu le 6 avril 1344 entre Pierre, seigneur de Cly et son cousin Pierre, seigneur de Châtillou. Le pont du Marmore, qui servait alors de limite entre ces deux seigneuries, appartenait, ainsi qu'une porte et la maison susdite au seigneur de Châtillon, qui pouvait les restaurer et reconstruire au besoin. (Voir le *Château de Châtillon* p. 20, par M. le chanoine F.-G. Frutaz).

A une époque plus reculée, c'est-à-dire au XIII° siècle, lors de la séparation du fief de Châtillon de celui de Cly, il y avait une porte à chacune des deux extrémités du pont, et le seigneur de Cly, dont le domaine était plus ancien et plus étendu, s'était réservé les clefs des deux portes du pont, et il pouvait, en certaines circonstances, percevoir un

Ledit pont a touiours subsisté dès le temps des
Romains jusques au 24 juin qu'il a été entierement
renversé par les ennemis de façon que l'on ne peut
inférer que Chatillion ni Cly aient contribué plus
que le reste du Pays et qu'il doit étre observé pour
ledit retablissement le méme droict comme s'il s'a-
gissoit d'une construction toute noůvelle auquel
cas s'il ne fut le general du Pays entier ce seroint
les terres les plus voysines et qui recevent plus
de profit et commodité pour le passage. (Art. 32
tit. des ponts, etc.) Or est il que les paroisses de
Bruçon et Ayas particulierement ont quantité de
grangeages au mandement de Cly, y font leur provision du vin et aussi St-Vincent et Ussel et
ont besoin dudit pont autant que ceux de Chatillion et en tout evenement eüe consideration a
l'excessivité de la depence, si le general du Pays
ne fut obligé de concourir, les dites terres doivent
étre contraintes de contribuer en rates de foages
comme voysines a l'imitation de ceux de Chesallet,
Sarro et St-Pierre qui concourent au pont de Villeneuve.

La raison principale pour laquelle ledit pont se
retablit au méme endroit est le service du Souverain et commodité du public, en ce cas les charges

---

double péage, ce qui créa des difficultés entre les habitants
des deux seigneuries et favorisa le commerce de Chambave
et d'Antey au détriment de celui de Châtillon. (Archives du
Château de Châtillon).

Ce péage, comme ceux de Bard, de Chambave, du bourg
Saint-Ours, de Villeneuve et tous les autres du Duché furent définitivement supprimés, en 1783, par patentes royales
et par manifeste de la R. Délégation.

sont reels et suivent la nature des autres charges lesquels s'imposent et departent a raison des foages dont chaque terre est composée.

En cette conformité S. E. a ordonné aux contribuables de concourir pour leur part *hoc est* a raison de leurs foages comme il s'observe pour la logée des soldats et autres charges.

Il n'importe que par son decret Sa d.° E. aie ordonné par moitie parce qu'elle n'a été Informée que Oly fut composé de 180 foages et Chatillion seulement de 48, ni qu'une partie du Terroir de Oly fut de la paroisse de Chatillion et tout le mandement de Oly en nécessité de passer par ledit pont ou pour la parroisse, ou pour la gabelle du sel ou pour Ivrée.

Tellement qu'étant ledit pont également necessaire a ceux de Oly, Chatillion, Ussel, St-Vincent, Ayas et Bruçon tous voysins, ils doivent tous concourir également audit retablissement par provision car si ledit pont fut retabli aux depens du général il n'y a point de doute que le repartiment ne soit fait sur le general a raison de foages comme les autres occurrences extraordinaires *et sic ex identitate rationis* entre Chatillion et ses contribuables ou Terres voysines, et agir coniointemant pour y obliger le Pays soubs l'offre que Chatillion fait de concourir pour le retablissement du pont de Cillian riere St-Vincent quand il fut necessaire, sur quoy l'on supplie le s.ʳ Procureur general du Pays de couclurre.

Sub Censura

BRUNOD.

Ces deux documents prouvent à l'évidence que le pont romain de Châtillon ne s'écroula pas pour défaut de construction, mais qu'il fut abattu par les Français en juin 1691; c'est là un fait désormais acquis à l'histoire.

Indépendamment de ces documents, l'assertion déjà citée de l'historien de Tillier, qui vivait à l'époque même de l'Invasion française vaut, à elle seule, plus que toutes suppositions et les raisonnements de Promis.

Suivons maintenant les péripéties du pont qui succéda au pont romain et vivons encore un instant de la vie de Châtillon et du Duché à cette époque déjà lointaine.

A Châtillon, le nouveau pont en bois, ordonné par le Gouvernement dès le 6 juillet 1691, a dû être construit avec plus de célérité encore que celui de Villeneuve, lequel, sans être aussi nécessaire au pays, fut pourtant déjà « achevé le 23 du mois d'août suivant au prix de fatigues non imaginables » (1).

Combien d'autres ponts disparus en cette même année et qui durent être relevés en toute hâte ! Depuis Châtillon jusqu'à La Thuile, les Français avaient miné et détruit les ponts romains de Châtillon, de Liverogne et de Pierre-Taillée et tous les autres ponts en pierre; ils avaient également brûlé et abattu tous les ponts en bois, « sur la

---

(1) Ancien registre de dépenses et fournitures de la Communauté de Villeneuve.

Doire et le long de la marche », dit le colonel de Tillier. (1)

Or, il fallait rétablir partout et sans délai les voies de communication, non seulement pour les besoins du commerce, mais surtout pour la défense du pays et le mouvement continuel des troupes. L'ennemi était parti, il est vrai, mais il ne cessait de menacer la frontière, et le Duché devait se tenir prêt à toute éventualité. Rien d'étonnant par conséquent, que le Gouverneur et le Conseil des Commis aient donné alors de tous côtés les ordres les plus sévères pour le relèvement immédiat des ponts démolis.

L'exécution de ces ordres était d'autant plus onéreuse et pénible en ces moments que la misère la plus profonde régnait dans le Valdigne et partout où l'ennemi avait promené son œuvre de destruction. Les troupes françaises avaient emmené une quantité énorme de bétail, brûlé une partie des moissons, consumé tout le grain et le vin. Les bras aussi manquaient comme les ressources. La Vallée, dont le tiers des habitants avait péri durant la peste de 1629 à 1631, avait peine à se repeupler, et après l'invasion dont nous parlons, les hommes vigoureux étaient presque tous sous les armes dans le pays, ou sur les champs de bataille du Piémont.

---

(1) Le pont de Saint-Valentin, entre Châtillon et Saint-Vincent, et le pont d'Ussel, sur la Doire, furent-ils de ce nombre, ou bien furent-ils épargnés comme le pont de Cillan, à Saint-Vincent ? Nous n'avons trouvé aucune note à cet égard. Nous savons seulement que le pont actuel de Saint-Valentin porte le millésime de 1830, et que le pont d'Ussel, emporté par une inondation en 1846, fut reconstruit, sur le même emplacement, en bois d'abord et, en 1896, en pierre et en fer.

Tout en reconstruisant leurs ponts, ou peu après, les populations épuisées réclamèrent donc que les travaux fussent payés par la Trésorerie du Duché. Le Conseil de Châtillon fit cette même demande dans son second recours, dressé comme il y est dit, pendant que le pont se rétablissait.

A teneur des dispositions du *Coûtumier* sur les ponts (Livre III, titre XIII, article 1 et 4), ceux-là seuls devaient contribuer à la refaction ou réparation des ponteilles et des ponts qui les avaient construits et maintenus de tout temps. C'était donc au pays, disait le recours, qu'il incombait de rétablir le pont du Marmore, « soit parce que le pont précédent avait été construit par les empereurs romains, soit parce qu'il ne se rétablissait en cet endroit que pour la seule commodité du public ». Le mémoire invoquait aussi l'application de l'article 32 du même titre du *Coûtumier* ainsi conçu : « S'il conviendra par cy-après dresser quelques ponts nouveaux, ils seront faits et bâtis aux frais et dépens des plus prochains et voisins d'iceux et qui en recevront plus de profit. »

Cet article n'était pas moins favorable que les précédents à la thèse de Châtillon. Il était manifeste, en effet, que tout le mandement de Cly — c'est-à-dire, Chaméran (1) avec les sept paroisses de

---

(1) Le territoire de Chaméran appartenait alors à Valtornenche pour le temporel et à Châtillon pour le spirituel. Les trois Breils et Champlong relevaient aussi de Châtillon pour le spirituel, mais dépendaient, pour le temporel, de Torgnon. Ussel et Bellecombe appartenaient également à la paroisse de Châtillon, mais formaient une communauté séparée pour la régie du temporel. Tous ces quartiers furent incorporés à la commune de Châtillon par arrêt de la R. Délégation, en date du 9 janvier 1782.

Chambave, de Diémoz, de Saint-Denis, de Veraye, d'Antey, de Torgnon et de Valtornenche — avait profité auparavant du pont romain autant que Châtillon, et qu'il en aurait été de même, à l'avenir, du pont en construction. De plus, tandisque ce dernier mandement ne comptait que 48 focages, Cly en avait 180. N'était-ce donc pas une criante injustice qu'obliger Châtillon à payer la moitié de la dépense totale du pont, soit une somme égale à celle de Cly, dont l'extension, les ressources et la population étaient incomparablement supérieures ?

De leur côté, Ayas et Brusson, qui profitaient si souvent du pont du Marmore, devaient également concourir à cette dépense « à raison de leurs foages, comme cela s'observait pour la logée des soldats et autres charges. » Enfin, la communauté de Saint-Vincent y était tenue, non seulement pour les mêmes raisons, mais encore parce que, peu auparavant, elle avait obtenu de Châtillon une contribution pour des réparations exécutées au pont de Cillan.

Il n'y avait rien à répliquer à ce raisonnement tout basé sur le bon sens, sur les usages en vigueur et sur le code valdôtain de l'époque.

Aussi, bien qu'aucun autre document ne nous l'apprenne, nous ne saurions douter que le Duché n'ait concouru aux dépenses du nouveau pont de Châtillon.

Puisque le recours était si bien fondé sur des preuves de droit et de fait ; puisqu'en diverses circonstances, le pays et le prince s'étaient cotisés avec la commune de Villeneuve pour la reconstruction du pont de Pan-perdu ; puisque le Duché paya lui-même quatre ponts de Pré-Saint-Didier et autres ponts relevés en 1691 ; enfin, puisque le Conseil des Commis admit, quelque temps après, la demande du mandement de Quart, et lui fit débourser par le Trésorier du Duché le prix des plantes fournies pour la reconstruction du pont du Buthier (1), il eut été étrange qu'il ne voulut rien

(1) Par délibération du 30 juin 1691, le Conseil des Commis avait décidé de faire relever le pont en bois, qui se trouvait près de l'arc de triomphe d'Aoste et que les Français avaient détruit en grande partie quelques jours auparavant. A cet effet, il ordonna aux communes de Saint-Christophe, de Quart et de Roisan de fournir « en rate de foage le bois nécessaire pour cette construction, c'est-à-dire 60 plantes de brenvaz ». De leur côté, les habitants de Valpelline reçurent ordre d'en faire le transport jusqu'à Aoste. Ces ordonnances n'ayant pas été exécutées, une nouvelle injonction fut faite avec menaces à ces mêmes communes, en date du 22 janvier 1693. Les syndics de ces localités répondirent qu'en diverses autres époques et « notamment en l'an du déluge, que fut environ l'an 1628 et en 1640, bien qu'il ne restât aucun pilier ny vestige du pont..... la baronnie de Quart n'avait cependant jamais contribué ny alors ny autres fois à la refaction du dit pont ». Ils entendaient donc conserver leurs droits fondés sur le *Coûtumier*. Néanmoins, ils s'offrirent à exécuter cette injonction « pourvu que la commune du bourg de Saint-Ours d'Aoste y satisfît de son côté ». Le Conseil des Commis donna alors l'ordre suivant : « Le Conseil déclare que les suppliants devront obéir au précédent décret et que tout leur sera bonifié par le général du Pays en son temps pour cette fois tant seulement et sans conséquence, heu égard que c'est un dégât causé par les ennemis, et le surplus restera au charge de la communauté du Bourg. — Aoste, ce 9 febrier 1693. Signé : De-Tillier. » Aussitôt que ce décret eût été mis à exécution, des liquidateurs estimèrent à L. 473 le prix des plantes et de leur conduite jusqu'à Aoste. Le Trésorier du Duché reçut ordre de payer cette somme aux susdites communes en raison de leurs fournitures respectives. Ce dernier décret, daté du 19 avril 1695 et muni des sceaux ordinaires du Conseil des Commis, est signé : Busquet, lieutenant au Gouvernement, De Nus Ceve, D'Emarèse, Pierre Passerin, J.-N. Pascal, F.-J. Brunel, Brunod.

faire pour le pont du Marmore, dont l'urgence et la nécessité étaient bien autrement évidentes que pour les autres ponts du pays.

Quant au mandement de Cly, il avait été condamné à une contribution dès le 6 juillet 1691, et tout fait croire qu'il paya ensuite son concours, non seulement par moitié, mais « à raison de foages » comme les communes de Saint-Vincent, de Brusson et d'Ayas.

En fut-il de même d'Ussel ? Nous ne le croyons pas. Cette communauté a dû s'opposer plus énergiquement que les autres à cette contribution, parce que le nouveau pont ne lui était pas indispensable; il y avait, en effet, sur le Marmore, en aval du pont romain, un petit pont en bois qui pouvait lui suffire.

Il serait curieux de savoir quel avocat rédigea le second recours. Comme il y avait alors à Châtillon un avocat renommé en la personne de Barthélemy Brunod, originaire de cette paroisse, ne pourrions-nous pas lui attribuer ce travail ?

A la suite de ce même recours, on lit ces deux mots : *sub censura,* suivis de la signature « Brunod ».

Ce dernier Brunod n'est pas l'avocat Barthélemy susdit; mais le châtelain et juge ordinaire de la baronnie de Châtillon, le notaire Antoine Brunod, seigneur impair du Duché et membre du Conseil des Commis. Il lui appartenait, en sa qualité de juge de Châtillon d'apposer sa signature sur ce recours avant de le présenter à la censure, c'est-à-dire, à l'examen, aux conclusions et à l'approbation du Procureur général du Pays.

Que la signature « Brunod » soit réellement celle du châtelain-juge Antoine Brunod, il ne saurait y avoir le moindre doute ; car nous avons entre les mains d'autres papiers signés « Brunod juge », dont la calligraphie assez caractéristique est absolument identique à celle du présent document. Il est certain, d'ailleurs, que c'est précisément ce personnage qui fut juge de la baronnie de Châtillon dès l'an 1663, si non auparavant, et qui l'était encore en 1701. Il fut nommé Conseiller Commis par l'assemblée des Trois Etats, en date du 27 avril 1694, et il mourut le 12 septembre 1712.

La position du juge Brunod à Châtillon et son influence au Conseil des Commis sont une nouvelle preuve que le second recours obtint son plein effet.

ANCIENNES PEINTURES

DU COUVENT DE STE CATHERINE

à Aoste

Ce monastère, qui était déjà habité avant 1247
par les religieuses de Sainte-Catherine (1) et qui
appartient depuis l'année 1831 aux Sœurs de Saint-
Joseph, présente, aux yeux des archéologues, des

---

(1) Les chanoinesses de Sainte-Catherine durent s'enfuir de
Louèche vers le commencement du XIII° siècle, à l'époque où
les Ducs de Zœringen guerroyaient contre l'évêque de Sion et
les dizains du Vallais. Elles traversèrent le col Saint-Théo-
dule et s'établirent à Antey ; de là, elles allèrent se fixer
sur le plateau de Saint-Evence, dont la chapelle relevait de
la Collégiale de Saint-Ours. Rebâtie entièrement en 1508,
d'après un document des archives paroissiales de Veraye,
cette chapelle fut de nouveau reconstruite en 1852. A cette
dernière époque, on découvrit des débris de poteries, qui furent apportés à M. le prieur Gal. Aujourd'hui même, les
traces de la vieille habitation de Saint-Evence n'ont pas
complètement disparu.

Mais la vie devait être pénible dans ce site désert et dé-
pourvu d'eau ; les religieuses l'abandonnèrent donc pour se
transporter à Porossan, et plus tard, avant 1247, dans la
cité, entre la porte Pertuis et la tour du Baillage. Le seigneur Godefroy de Challant, vicomte d'Aoste, leur fit bâtir
là une maison, un clocher et une chapelle, dont la voûte du
chœur porte encore ses armes au bas des nervures.

Le Couvent de Sainte-Catherine fut le premier couvent de
femmes établi à Aoste.

monuments romains et du moyen-âge dignes de
toute leur attention. Ce sont d'abord, au midi et
au centre de l'enclos, les restes superbes du théâtre
et de l'amphithéâtre romains ; ce sont ensuite le
clocher et le chœur de la chapelle, qui remontent
au XIII° siècle, et enfin des peintures de cette même
époque et des siècles suivants.

Comme tout le monastère, la chapelle a subi
des transformations dans le cours des âges. Le
chœur a été conservé avec sa voûte et ses nervures ; mais les lambris primitifs de la nef ont fait
place à une voûte, qui ne doit être que du XVIII°
siècle. La chapelle a été restaurée et rafraichie en
dernier lieu, en 1896, par les frères Artari de Verrès et, tandis que l'on décrustait la muraille méridionale interne, qui était simplement badigeonnée,
on a mis au jour deux couches successives, cou-
vertes de peintures.

Sur la couche supérieure, apparaît la *Mater dolorosa* assise, la tête nimbée d'or. Cinq glaives seulement, au lieu de sept, plongent dans son cœur. Sa
robe rouge est en partie couverte par un manteau
bleu foncé ; un voile de même teinte descend de
la tête sur les épaules ; le cou et le haut du front
sont enveloppés d'un linge blanc. Ce sujet, entouré
d'un encadrement rouge, mesure 1 mètre et 20 cen-
timètres de hauteur sur 0,98 de largeur. Autour de
la Vierge, sont représentés cinq mystères de la vie
de Notre-Seigneur : sa présentation au temple, son
apparition au milieu des docteurs, sa rencontre avec
sainte Véronique sur la route du Calvaire, son crucifiement et sa déposition. Au-dessous du mystère
de la présentation, sont écrits ces mots : *La prime ;*
au-dessous de l'apparition devant les docteurs : *la*

seconde ; au-dessous de la rencontre avec S° Véronique : *la terce ;* au-dessous du crucifiement : *la quartane ;* au-dessous de la déposition : *la quintane.*

Sur la surface inférieure et plus ancienne, on voit, vers le centre, une inscription funéraire et tout près, du côté du chœur, saint Christophe, et du côté opposé, à l'extrémité du même mur, sous une tribune récente, on aperçoit trois autres personnages. Le premier semble être saint Benoît ; il porte une bure noire et tient, d'une main, un livre et de l'autre, un bâton abbatial. A côté de lui, apparaît saint François d'Assise, revêtu d'une bure couleur marron, les stigmates aux mains et aux pieds ; enfin, le diacre saint Laurent, avec un gril entre les mains. Près de saint Laurent, sur le mur interne de la façade, furent découvertes, en 1896, deux autres peintures abîmées à tel point qu'on ne put en deviner les sujets. C'est pourquoi, on les badigeonna de nouveau, ainsi que l'image trop dégradée de saint Christophe.

Notons que l'épitaphe et les quatre saints, dont nous venons de parler, sont à la détrempe ; les plis des vêtements et d'autres indices accusent l'époque du style ogival. La Vierge, au contraire, et les mystères qui l'environnent, sont des fresques d'une exécution correcte et soignée, à la manière de la Renaissance.

Comme toutes ces peintures, l'inscription a été tellement détériorée par des piqûres que le contexte en est presque illisible ; elle nous rappelle que là se trouve le tombeau du chevalier Aimon de l'Archet. Au-dessus de l'inscription, on aperçoit les traces de deux lignes en caractères gothiques et de couleur rouge ; les deux seuls mots qu'on puisse déchiffrer sont au bout de la deuxième ligne : AYMONIS DE ARCULO. L'épitaphe en caractères noirs se compose de neuf lignes, et d'après les rares mots encore lisibles, elle devait contenir des sentences et des réflexions morales. Elle commence par ces mots : HIC REQUIESCIT.... ; à la fin de la cinquième ligne, on peut lire le mot GENUS ; à la fin de la sixième, les mots : PRÆLUDIUMQUE LUCIS ; au commencement de la septième : COR DEUM VOLUIT MUNDO ...... ; la huitième ligne se lit intégralement : HUIUS MONASTERII HUMARI ET CLAUDI IN ECCLESIA ; la neuvième contient ces mots : AD PRÆ-LIUM..... ......AC VINCULA RAPIT. Au-dessous de l'inscription, on lit les lignes suivantes :

FRANCISCUS ET LUDOVICUS DE ARCULO
PATRI POSUERE (PIENTISSIMO ?).

Cette inscription est surmontée du blason de la famille de l'Archet, dont on distingue encore les couleurs et, sur le chef, les traces presque invisibles de l'arc.

Les noms d'Aimon de l'Archet et de ses deux fils François et Louis nous fournissent des éléments historiques pour déterminer l'époque de cette inscription.

Les de l'Archet, ancienne et puissante famille noble de Morgex, dont une branche vint s'établir à Aoste, portaient *De gueules au chef d'or, le chef et l'écu chargés d'un arc posé en fasce, de l'un en l'autre.* Leur devise est inconnue. Nous retrouvons dans la généalogie de cette famille six personnages du nom d'Aimon. Le premier vivait dans le Valdigne en 1095 ; le deuxième, mentionné par Besson, était chanoine de la Cathédrale en 1232 ; les quatre autres, mentionnés par de Tillier, sont : Aimon, fils de

Thibaut, vivant en 1242, Aymonet, son fils aîné, Aimon, fils d'Antoine, et Aimon fils d'Antoine-François, vivant en 1461 et encore en 1510. C'est à ce dernier que se rapporte la susdite épitaphe. De Tillier, dans sa généalogie, ne lui donne qu'un fils, François, tandisque notre inscription nous révèle aussi le nom de Louis (1).

Comment et dans quelles circonstances le chev. Aimon de l'Archet se fit-il inhumer à la chapelle de Sainte-Catherine ? Il est probable qu'il a été un des bienfaiteurs de ce monastère. La noble maison de l'Archet avait des traditions religieuses. Nous avons nommé Aimon, chanoine de la Cathédrale en 1242 ; deux autres membres de la même famille furent aussi chanoines de la Cathédrale : Vuillerme, vers 1400 et Jean-Louis en 1459. A l'époque où ce dernier faisait partie du clergé d'Aoste, sa cousine germaine, Françoise, prenait le voile parmi les religieuses de Sainte-Catherine et elle était prieure du monastère d'Aoste, quand on y inhuma la dépouille mortelle du chev. Aimon de l'Archet, entre les années 1510 et 1520. Celui-ci et Françoise avaient eu pour aïeul commun François de l'Archet, arrière-petit-fils de Thibaut, qui fut la souche de cette famille dans la Vallée d'Aoste. Françoise mourut prieure du monastère de Sainte-Catherine en 1528. En la

---

(1) François de l'Archet, premier fils d'Aimon, reçut en qualité de notaire, à Morgex, le 31 juillet 1502, en présence du vibailli François de Camagne, un acte par lequel la Couronne inféodait des bois à la Commune de Morgex. — Au sujet de la famille de l'Archet, voir Besson, I^e édit. pp. 45, 49, 446, 453 ; Mezerai, *Histoire de France*, Tom. II, p. 482, ann. 1067 et de Tillier, *Nobiliaire*.

personne de Melchior, son arrière-neveu, s'éteignit, cinquante-huit ans plus tard, cette illustre famille.

Aimon de l'Archet et son fils François étaient contemporains de François de Camagne, qui reconstruisit à ses frais, en 1496, une partie du couvent de Sainte-Catherine, et dont le nom apparaît avec quelques peintures au-dessus du portail de ce monastère.

Ces peintures représentent, à droite, sainte Catherine aux pieds de laquelle on voit la figure du vibailli François de Camagne; au centre se trouve la Vierge tenant dans ses bras l'enfant Jésus, et à gauche, saint François d'Assise, patron du bienfaiteur. On aperçoit aussi deux blasons: à droite celui de Camagne et, à gauche, l'écu parti de Camagne et de Castellamonte, dont était issue son épouse. Le premier est d'argent à deux branches de chêne au naturel entrelacées, surmontées de 3 anneaux de gueules 2 et 1; le second est d'or à un arbre de sinople au naturel. Au bas des peintures, on lit l'inscription suivante en lettres gothiques : (Hoc) CLAUSTRUM SANCTE KATHERINE DICATUM.... EST CONFECTUM SUMPTIBUS NOBILIS FRANCISCI DE CAMAGNIA VICE BALLIVI VALLIS AUGUSTE ANNO DNI 1400. Cette date, écrite d'une main postérieure en chiffres arabes, est fausse. On doit lire 1496. Un mur construit plus tard et faisant angle avec l'extrémité de l'inscription, en a fait disparaître quatre mots, la date primitive et quelques ornements. Le malencontreux copiste, voulant rétablir l'inscription, a confondu le 9 et le 6 avec deux 0 et a reculé ainsi d'un siècle la date de cet ouvrage.

François de Camagne, docteur ès droits et conseigneur de Bosses par acquisition faite, en 1498, du seigneur Boniface d'Avise, fut vibailli d'Aoste de 1496 à 1501. En 1502, le duc Philibert II le nomma bailli et châtelain de Châtel-Argent. Cette même année, tandis qu'il négociait, dit de Tillier, l'acquisition du reste de la seigneurie de Bosses et qu'il revenait du Vallais, il fut emporté par une avalanche et périt sur la montagne du Grand-St-Bernard. Une rue de la bourgade de Villeneuve porte son nom.

Ce n'est pas seulement au-dessus du portail du monastère de Sainte-Catherine qu'apparaissent les armoiries des Camagne ; on les aperçoit encore dans la chapelle, non pas parmi les peintures primitives, mais parmi les postérieures, et précisément au-dessus du sujet où est représentée la rencontre de Jésus avec sainte Véronique. Seulement, ici, ce blason est parti avec celui de la maison de Bard, et au-dessus de la porte d'entrée, il est parti avec celui des Castellamonte. D'où peut provenir cette différence ? Tout simplement d'une différence d'époque. Le blason du portail se rapporte au vibailli François de Camagne, soit à l'année 1496 même, où il venait d'achever la reconstruction d'une partie du couvent, tandis que le blason de la chapelle est postérieur d'un demi-siècle au moins, comme il appert de la supériorité artistique des peintures de la *Mater Dolorosa* et des mystères qui l'entourent (1).

_____

(1) Quel serait le personnage de la maison de Camagne qui aurait épousé une noble fille de Bard ? Ce seigneur ne peut être de la descendance du bailli François, puisqu'il ne laissa à sa mort que deux filles, mais de la descendance de son oncle Pierre, docteur ès droits, ou de son cousin Urbain, lesquels étaient intervenus, parmi les nobles impairs, aux audiences générales de l'année 1430. Aucun historien valdôtain ne nous a indiqué leur descendance.

Si nous avons traduit les expressions : *Claustrum confectum* par les mots : construction d'une partie du couvent, et non pas de tout le couvent, c'est que c'est bien là la vérité historique. En effet, quoique le bailli de Camagne ait fait beaucoup pour ce monastère, il ne l'a pas cependant refait tout entier. Il bâtit probablement lui-même la grande aile du bâtiment qui finit. au midi par une tour (1) ; il construisit peut-être aussi le bâtiment qui s'étend jusqu'au portail ; il refit ce portail, en en rétrécissant l'entrée, dont on aperçoit encore l'ancien arc en pierres de tuf ; il fit en outre d'importantes restaurations et modifications aux logements préexistants.

Toutefois, la chapelle, dans toute sa longueur actuelle, n'est pas son œuvre, mais celle de Godefroi de Challant ; tant la nef que le chœur furent bâtis en même temps, comme on peut s'en convaincre par un simple coup d'œil sur la construction extérieure des murs du nord. Il est à présumer qu'il fit aussi exécuter lui-même les premières peintures de la chapelle, y compris celles des quatre saints dont nous avons parlé et que, par conséquent, ces peintures existaient depuis longtemps, lorsqu'on plaça l'inscription funéraire d'Aimon de l'Archet. Le vieux bâtiment, appelé aujourd'hui le *Pensionnat*, est également dû à la générosité du vicomte ; deux armoiries de sa famille, gravées sur le linteau en pierre d'une porte visant au midi, en

---

(1) C'est le même édifice que Mgr Jourdain exhaussa d'un étage et qu'il mit en communication avec les logements depuis longtemps installés sur les ruines de l'Amphithéâtre.

font foi. Le chœur des chanoinesses, c'est-à-dire le
local dans lequel, durant sept siècles, elles récitè-
rent leurs offices, était séparé du chœur de la chapelle par des barreaux en fer.

Les vastes appartements, construits sur les restes
des murs de l'Amphithéâtre, datent aussi du XIII
siècle. Comme on le sait, il était d'usage, à cette
époque, d'utiliser pour des habitations nouvelles ce
qui restait des constructions romaines (1). Nous at-
tribuons encore au même seigneur le portail de la
chapelle; la porte en bois sculpté n'est que du
XVII siècle, mais son encadrement en grosses
pierres de taille est bien autrement ancien et aurait pu s'adapter parfaitement à une maison forte
du moyen-âge. En homme qui connaissait son temps
et qui tenait à garantir la sécurité de son cher
monastère, Godefroi fit aussi placer, sur la façade
de l'église, une grande meurtrière, dont l'ouverture externe est masquée par le crépissage de la
muraille, mais que l'on voit très bien en montant
sur la voûte de l'édifice sacré.

Une visite dans le comble, que nous venons de

---

(1) On peut voir dans de Tillier, Promis, Aubert et autres
auteurs plus récents, des détails sur les ruines imposantes
de l'Amphithéâtre et du Théâtre romains. Qu'il nous suffise
de dire ici que l'Amphithéâtre d'Aoste, le plus ancien des
édifices de ce genre qui existent encore dans l'univers, était
bâti en forme elliptique, qu'il avait à l'origine soixante arcades
et pouvait contenir de 15 à 20.000 spectateurs, soit le tiers
de la population d'*Augusta Praetoria*. Le Théâtre, dont on
ne voit plus qu'un pan de mur colossal, haut de 22 mètres,
à quatre étages, percé de fenêtres de formes différentes, con-
tenait de 3 à 4000 spectateurs.

nommer, ne manque pas d'intérêt à divers points
de vue. Vous voyez là, au point de jonction du
mur septentrional et de la base de la voûte, la
partie supérieure de trois fenêtres antérieures à la
construction de cette voûte et, plus haut, sur les
quatre murs de la pièce, le niveau de l'ancien pla-
fond lambrissé. Du côté du levant, vos regards sont
attirés par quelques-unes des peintures, qui ornaient
le haut de l'arc triomphal du chœur. A votre gauche, l'ange Gabriel, en aube et en chape, tient
d'une main un sceptre, et de l'autre, il montre une
banderole sur laquelle sont écrits ces mots en lettres gothiques : *Ave Maria, gratia plena, Dnus tecum.*
A quelque distance, à peu près au centre de l'ancien arc, vous distinguez la tête de la Vierge, en-
tourée d'une auréole dorée, et enfin, à l'autre extrémité de l'arc, un nimbe et le front d'une tête,
qui pouvait bien être celle de sainte Catherine, la
patronne du monastère. Le corps de celle-ci a disparu avec la chute du crépissage, et celui de la
Vierge a été couvert par la partie supérieure de la
voûte.

La peinture de l'Ange dénote l'époque de la
Renaissance, et nous amène à croire qu'elle fut
exécutée en même temps que la *Mater Dolorosa,*
c'est-à-dire plus d'un siècle avant que les lambris
vermoulus eussent fait place à la voûte actuelle.

Des traces de portes, de fenêtres et d'une che-
minée attestent que le comble fut autrefois habité
et qu'il était plus élevé qu'aujourd'hui.

L'antique clocher en pierres de taille est, de tout
le monastère, ce qui a le mieux conservé son état
primitif; le temps qui altère tout, a passé à côté
de lui, sans lui infliger le moindre outrage; il est

maintenant ce qu'il était avant 1247 et il continuera à défier les siècles. La vieille cloche, elle, après avoir tant sonné la prière et le glas pour les dames de Sainte-Catherine, a cessé de se faire entendre. Elle a sans doute été emportée par la tourmente révolutionnaire, qui a fait le vide dans le plus grand nombre des clochers du diocèse. La cloche actuelle ne date que de l'an 1831; elle a fait son entrée au couvent la même année que les Sœurs de Saint-Joseph.

L'EXTINCTION DES CENSES

DANS

LA VALLÉE D'AOSTE

Cette question a préoccupé sérieusement nos ancêtres, surtout depuis le commencement du XVIIIe
siècle. A cette époque, plusieurs de nos familles
nobles, qui possédaient des fiefs, étaient en voie
de s'éteindre et d'autres avaient déjà disparu. Ensuite d'alliances, les droits féodaux de ces dernières
étaient passés entre les mains de familles du Piémont, dont les noms commençaient à figurer dans
les assemblées des Trois-Etats et dans les réunions
du Conseil des Commis. Ainsi, à différentes époques, perçurent des redevances féodales les Bian-
drà de Sáint-Georges à Châtel-Argent, les Valperga
et les D'Oncieu à Courmayeur, les Bianco de Saint-
Second à Avise et Saint-Marcel, les Carron de Saint-
Thomas à Villeneuve, les Pallavicini de Ceva à
Gignod, Doue et St-Rhemy, les Perron de Saint-
Martin à Valpelline, Quart et Saint-Vincent, les
Scarampi de Pruney à Nus, les Saluces de Paesana
à Fénis, les Bergera, puis les Gozzani d'Olmo à
Oly, etc.

Nous ne parlons pas d'autres familles étrangères
à la Vallée, qui y acquièrent simplement des titres
nobiliaires.

Celles que nous avons mentionnées et quelques autres confiaient à des châtelains-juges de

leur choix le soin d'administrer la justice et d'exiger les censes en argent et en nature. Pour ces dernières, le poids, la mesure et la valeur variaient dans toutes les châtellenies. Plusieurs livres terriers très anciens n'avaient plus été renouvelés, et il était souvent difficile d'identifier les propriétés. Tout cela donnait lieu à des abus, à des procès et à des récriminations que nous voyons déjà surgir aux premières années du XVᵉ siècle et se multiplier plus tard.

Ajoutons qu'à cette même époque, certaines seigneuries, comme celles d'Issogne, d'Introd, etc, ne donnaient pas même un produit de 200 Livres et que l'exaction des redevances devenait de plus en plus coûteuse pour les feudataires et vexatoire pour les favetiers.

Au XVIIIᵉ siècle, cet état de choses était devenu intolérable, non seulement dans notre Vallée, mais aussi dans la Savoie. On comprit la nécessité de l'extinction des censes et c'est ce qui provoqua, de la part du Gouvernement de Turin, l'édit de la Péréquation Générale, et la création, à Aoste, de ce tribunal si méritant qu'on appelle la Royale Délégation.

Celle-ci fut établie par Lettres-Patentes du 24 novembre 1768, et composée du vibailli Fabar, des avocats J.-B. Gérard, conseiller commis, André Nava, conseiller commis et procureur du Duché, J.-B. Réan, lieutenant au Bailliage, Jean-Sébastien Linty, vice-auditeur de Guerre et du procureur fiscal, Mouthon; ce dernier fut ordinairement remplacé par l'avocat Jean Christillin. Le secrétaire, laissé au choix de ces Délégués, fut nommé en la personne de noble François-Gaspard de Tillier, secrétaire substitut des Etats et du Conseil des Commis.

Toutes les séances de ce tribunal furent tenues au Palais Roncas, appelé alors la *Maison du Pays*, où le vibailli avait sa résidence ordinaire. Les réunions ne duraient jamais moins de trois heures, mais habituellement elles étaient de cinq heures. La première séance eut lieu le 16 décembre 1768, et la dernière, dont nous ayons connaissance, le 31 décembre 1822. Inutile de dire que durant ces cinquante-quatre ans, les délégués sus-nommés furent remplacés par d'autres.

La R. Délégation, créée d'abord pour la vérification des biens privilégiés ou exempts d'impôts, à titre de féodalité, d'ancien patrimoine de l'Eglise ou d'un autre titre quelconque, eut, dans la suite, des pouvoirs beaucoup plus étendus. Ainsi, elle eut à s'occuper encore de la fixation des congrues des cures, de la limitation des territoires (1), de la conformation de leur temporel avec le spirituel, de l'abonnement des dîmes, de l'affranchissement des redevances foncières tant féodales qu'ecclésiastiques, annuelles ou casuelles, privilégiées ou emphytéotiques, du règlement pour la conservation

---

(1) Ce tribunal modifia considérablement la délimitation ancienne et assez étrange de diverses paroisses et communes, parmi lesquelles, celles de Châtillon, de Torgnon, de Valtornenche, de Nus, de Veraye, d'Antey, etc. Le prévôt de la Cathédrale, J.-P. Dondeynaz, délégué par Mgr de Sales, dut, pour ce motif, parcourir une partie du diocèse avec un ou plusieurs membres de la R. Délégation. Les rapports relatifs à cette délimitation font suite aux Rapports des congrues, dans deux grands registres qui se trouvent aux Archives de la Sous-Préfecture.

des bois, de l'usage des pâturages, de l'entretien des canaux d'arrosement, etc.

Par une circulaire imprimée et datée du 16 décembre 1768, la R. Délégation enjoignit d'abord à tous les corps moraux comme à tous les seigneurs et particuliers, de quelque grade qu'ils fussent, qui pouvaient prétendre l'exemption de biens ou maisons, de lui en faire parvenir une note exacte, dans l'espace de deux mois, et d'y ajouter « les états spécifiques et génériques des biens fonds, servis et censes, qu'ils possédaient » (1).

Pour hâter l'exécution de cette ordonnance, le roi porta, en date du 21 juillet 1771, un décret, par lequel il défendait aux favetiers de payer les tributs aux feudataires qui n'avaient pas encore pré-

---

(1) Voici, *pour le système tributaire* en usage dans la Vallée d'Aoste, la signification de certains droits que les favetiers payaient aux seigneurs.

Censes. — Ce mot comprend toutes les redevances féodales consignées dans les *grosses* ou livres terriers, toutes les contributions en argent ou en nature payables à un seigneur, à un bénéfice, à un monastère, à un corps moral.

Les **Servis** étaient de différentes natures et comprenaient tous les travaux obligatoires que les manants et contribuables devaient faire pour le seigneur. On s'en acquittait souvent moyennant une somme.

Le **lod, laud**, ou **laod**, *(laudemium)* était un tribut que le seigneur avait droit de réclamer, lorsque les propriétés changeaient de maître ; c'était quelque chose comme nos droits d'insinuation.

Le **plaît** *(placitum)* était une redevance casuelle qui devait se payer ou à la mort du favetier ou à la mort du seigneur.

senté « les consignements réclamés ». Avant ce
décret déjà, ou aussitôt après, l'évêque, les deux
chapitres de la Cathédrale et de la Collégiale de
Saint-Ours, la plupart des bénéficiers du diocèse
et bon nombre de vassaux avaient demandé et obtenu des délais, et c'est pourquoi un manifeste publia leurs noms pour qu'ils pussent continuer à
percevoir leurs droits.

Comme en 1776, plusieurs seigneurs et quelques
curés n'avaient pas encore envoyé les déclarations
prescrites, les Délégués firent annoncer dans toutes
les communes que si, dans le terme de trois mois,
ces retardataires ne se mettaient pas en règle, on
aurait fait « immédiatement sequestrer leurs biens
et saisir leurs titres pour faire dresser les états à
leurs frais, et qu'à l'égard des censes et servis l'on
commettrait des collecteurs pour les exiger ». Ce
décret, fait à la Cité d'Aoste, au Bureau de la
Délégation, le 25 mai 1776, portait la signature du
vibailli Vignet des Etoles, et finissait par la liste

L'**intrage** *(intragium)* se payait au moment de l'acte, pour
entrer en possession d'une propriété.

La **Fidelité**. — Dans la Vallée d'Aoste, on payait ordinairement ce droit pour la reconnaissance des fiefs et la formation des livres terriers à l'usage du seigneur.

La **Dîme** consistait dans le droit qui revenait à un seigneur, à un bénéficier, de prélever le dixième ou une partie
des produits agricoles ou des animaux naissants.

Prémices. — Premiers produits du bétail ou premiers
fruits de la terre réservés au seigneur, à un bénéfice-cure ou
à un monastère.

La signification de ces droits varia selon les époques et
les localités.

des feudataires en retard. Signalons parmi ceux-ci
le comte de Challant pour sa terre de Châtillon,
le baron de Nus, le marquis d'Oncieu pour Rhêmes, le marquis Pallavicini pour Gignod, le baron
de Blonay et le comte de Saint-Second pour leur
terre d'Avise, le baron d'Aymaville, etc.

Si certains feudataires ne s'empressaient pas da-
vantage à faire la consignation de leurs biens et
de leurs droits, ce n'était pas, certes, par négligence, mais à cause de la difficulté réelle qu'il y
avait à établir l'exemption des tailles. Ceux-là même qui avaient été les plus diligents dans cette
opération, ne furent pas tous heureux dans les ré-
sultats. Combien de seigneuries, de bénéfices et de
corps moraux qui, malgré tous les efforts, perdi-
rent alors l'immunité d'une partie de leurs biens
et de leurs censes! Les uns manquaient de leurs
titres anciens, qui avaient péri ou de vétusté ou
dans les flammes, ou qui avaient été égarés dans
le cours des siècles ; d'autres ne purent démontrer
qu'ils avaient joui sans conteste jusqu'alors de
l'exemption ; d'autres plus nombreux avaient laissé
par inadvertance cotiser une partie de leurs propriétés, à l'époque de la formation du cadastre ;
d'autres, enfin, croyant avoir été lésés précédem-
ment dans leurs droits, revendiquèrent inutilement,
pour une partie de leurs terres « la déclaratoire
de féodalité ou d'ancien patrimoine de l'Eglise ».
Citons, parmi ces derniers, le baron de Vallaise et
le Chapitre de la Collégiale de Saint-Ours. Celui-ci
avait entassé titres sur titres pour prouver que
l'alpéage de Comboé lui appartenait « dès l'an 1454
au moins » et que, partant, il devait jouir de l'immunité. Les Délégués, en date du 14 février 1775,

répondirent que si les deux tiers de cette montagne étaient d'ancien patrimoine, c'est-à-dire de possession antérieure à l'an 1586, il n'en était pas de même de l'autre tiers, puisque dès l'an 1710, le Chapitre « en payait déjà la taille à raison de deux seiteurs » (1).

Le baron de Vallaise, pour obtenir l'immunité des biens qu'il possédait à Arnad, avait produit « d'anciennes investitures sans cependant pouvoir prouver la féodalité individuelle de toutes ces pièces de terre ». La Délégation admit l'exemption pour quelques-unes, mais il confirma la taille pour toutes celles qui y étaient déjà soumises auparavant « comme provenant d'acquisitions particulières » ou de personnes non nobles.

Une terre féodale ou d'ancien patrimoine, perdait l'exemption « en passant par des mains non privilégiées. » Tel fut, entre autres, le cas d'une propriété située à Aymaville et appartenant à la chapelle de S. Blaise à la Cathédrale. La demande d'exemption fut repoussée parce que ce bien, tout en étant d'ancien patrimoine, avait été aliéné et n'était rentré que plus tard dans le domaine de l'église.

---

(1) Cet impôt fut donc maintenu, ainsi qu'une foule d'autres de même genre, en force de l'ordonnance générale que le roi avait donnée à la Délégation le 14 février 1775, et qui était conçue en ces termes : « La loi du Coutumier d'Aoste portant que tous les biens qui étaient côtisés lors de sa compilation, en 1586, y deussent être sujets à perpétuité, vous n'accorderez, par conséquent, aucune déclaration d'immunité pour raison des biens réunis depuis la dite année ».

Assez souvent, le droit de féodalité ou d'ancien patrimoine ecclésiastique n'était pas facile à découvrir et à décider. Alors les Délégués exposaient leur doute au roi, qui tranchait la question. Voici deux faits parmi cent autres.

Le comte de Solar, baron de Sarre, avait réclamé l'immunité pour tous les biens et censes de cette seigneurie. La Délégation voulait restreindre le privilège de la féodalité aux terres attigues au château ; le roi consulté répondit, en 1775, qu'il « ne constait pas suffisamment que tous les autres biens eussent été achetés après l'époque fixée » (1586) et que, partant, tous les biens et censes de la baronnie de Sarre devaient être exempts.

Les Religieuses de la Visitation avaient demandé l'immunité pour un grangeage situé à Charvensod. Le cas fut soumis au monarque, qui répondit, en date du 14 février 1775, que cette congrégation n'était établie à Aoste que dès l'an 1631, et qu'en outre, « ce grangeage étant un bien laïque qu'elles avaient acquis, il n'y avait pas lieu à exemption sans blesser la loi de la juste répartition des impôts et sans frustrer l'attente des contribuables que, sans titre, l'on ne doit pas être exempt au préjudice des autres ».

Un grand registre intitulé : *Remontrances et représentations de la R. Délégation,* contient une foule de décisions de ce genre données par ce tribunal ou par le roi, et offre une idée des difficultés immenses que rencontra ce tribunal dans l'exécution de sa première besogne, celle de la vérification des biens privilégiés.

Un autre travail non moins important, confié à la R. Délégation et qui avait plus d'un rapport avec celui dont nous venons de parler, ce fut la connaissance des affranchissements des censes. Afin de s'épargner des frais et des ennuis sans nombre pour la rénovation de leurs fiefs et l'exaction de leurs revenus, plusieurs vassaux du Duché avaient demandé au souverain, dès la moitié du XVIII⁰ siècle, l'autorisation d'affranchir les droits de leurs seigneuries, de façon à sauvegarder en même temps leurs intérêts et ceux des emphytéotes et des favetiers. Ces recours avaient toujours rencontré pleine faveur auprès du roi Victor-Amédée III et de ses prédécesseurs. Parmi tant d'autres actes d'affranchissement, celui de la juridiction de Saint-Vincent, en 1748, fut l'un des plus remarquables, et cela à deux titres : d'abord, parce qu'il servit de base et de modèle à plusieurs autres contrats de même genre, ensuite, parce que cet affranchissement ne concernait pas simplement un fief quelconque ou une portion de juridiction, mais toute une seigneurie avec ses dépendances.

Ce contrat d'extinction ne fut pas, sans doute, le plus ancien, tant s'en faut. De Tillier (*Historique*, pp. 252 et 273), nous rapporte que beaucoup de censes avaient déjà été affranchies au commencement du XVIII⁰ siècle dans la seigneurie d'Introd, et un siècle auparavant dans la baronnie de Cly. Il en avait été de même dans la baronnie d'Aymaville et ailleurs, même dans des époques plus reculées ; seulement ces actes d'extinction ne s'étaient faits que peu à peu, sans bruit et jamais sur une vaste échelle comme depuis l'année 1748.

Les avantages immenses, qui résultaient de ces affranchissements, devenaient de jour en jour si manifestes que, le 4 novembre 1783, la R. Délégation représenta au Roi qu'il convenait « d'étendre cette utile opération à la généralité de la Province, afin de la délivrer soit des Commissaires (1) et des fermiers (2), soit des nombreux procès et embarras des familles à l'occasion des partages et du commerce de leurs biens ». Elle demanda donc, « selon le vœu général du Duché, qu'après avoir accordé à la plupart des vassaux la faculté d'affranchir leurs droits sur les terres, il eût accordé aussi la grâce de l'affranchissement aux communautés, qu'il eût obligé celles du même fief à s'affranchir, dès que le plus grand nombre des autres aurait délibéré de le faire, et que, pour plus de facilité, il eût permis aux communautés principalement intéressées de convenir elles-mêmes pour d'autres communautés, qui devaient des censes au même seigneur » (3). Bref, elle supplia le roi de promulguer en faveur du Duché d'Aoste, le même Edit qu'il avait publié pour la Savoie, le 19 décembre 1771, et le pria, en outre, « d'autoriser le Conseil des Commis à con-

---

(1) Les Commissaires étaient chargés du renouvellement des reconnaissances, opération fort coûteuse pour les feudataires et pour leurs sujets.

(2) Les fermiers, dont il s'agit ici, prenaient à louage d'un feudataire, c'est-à-dire, d'un seigneur, d'une communauté religieuse, d'un corps moral (Collège, Hôpital, Mense épiscopale, canonicat, bénéfice-cure, etc.), non seulement les maisons et terres d'un fief, mais aussi ses censes.

(3) Dans ce cas, notait ailleurs le recours, la communauté principalement intéressée qui aurait contracté, aurait été subrogée aux droits du seigneur affranchissant pour exiger la quote-part des autres, dès que la Délégation aurait approuvé le projet du contrat.

tracter lui-même pour un grand nombre de communautés, et cela en vue surtout de l'affranchissement des fiefs et emphytéoses de la Mense épiscopale, de la Cathédrale, de la Collégiale, du Collège et de l'Hôpital, qui s'étendent presque sur toutes les paroisses du Duché » (1).

Eu demandant à S. M. ces facultés, la R. Délégation indiqua aussi la manière dont on pouvait procéder aux affranchissements des censes ; elle

---

(1) La Délégation d'Aoste avait déjà obtenu d'avance, pour les favetiers, la faculté de s'affranchir, lorsqu'ils étaient en trop petit nombre pour intéresser le corps de leurs communautés respectives. Voici, en effet, l'ordonnance adressée le 16 octobre 1783 — par conséquent, avant le susdit recours — par l'intendant Vignet des Etoles aux habitants de Saint-Christophe, qui avaient des devoirs envers le baron de Nus :

L'INTENDANT GÉNÉRAL AIMÉ-LOUIS
VIGNET BARON DES ÉTOLES,
Chevalier de l'Ordre Militaire et de la Sacrée Religion des Saints Maurice et Lazare ;
Intendant et Conservateur des Gabelles et du Tabellion du Duché d'Aoste.

Ensuite de la fixation du jour pour l'assemblée générale des favetiers du Seigneur Marquis Scarampi Baron de Nus pour l'affranchissement de ses rentes, celles qui se prétendent dans le territoire de S. Christophe n'étant pas assez considérables pour intéresser le public de cette Communauté, l'on assigne tous les particuliers possédants fonds sujets à censes ou servis envers du dit Seigneur de se réunir à l'assemblée générale de la Communauté de Nus qui se tiendra dimanche 26 du courant aux neuf heures du matin dans la maison Dauphin au bourg de Nus pour y délibérer conjointement aux hommes de d° Communauté sur l'affranchisse-

proposa des tarifs ou prix d'affranchissement des denrées (1); elle parla des termes et des modes de

---

ment proposé et nomination des procureurs pour convenir et pour défendre les intérêts des favetiers, à défaut de quoi les conventions passées par les députés de la Communauté de Nus, ou jugemens rendus en leur instance ou contradictoire produiront leur effet au préjudice des dits particuliers absents, ce que l'on notifie à l'exclusion d'ignorance.

Aoste au bureau de l'intendance ce 16 octobre 1783.

VIGNET DES ETOLES.

GALLY Secrét.

(1) En date du 13 août 1773, avait été publié un « tarif à forme de Règlement particulier en faveur du Duché d'Aoste, pour l'extinction des rentes en denrées, à la mesure de la Cité d'Aoste, à laquelle celles des autres lieux ont été réduites ». Ce tarif est le suivant :

	Livres	Sols	Deniers
Sétier de froment	72	10	0
» de seigle	58	0	0
» d'orge	43	10	0
» d'avoine	29	0	0
» de chataignes blanches	72	10	0
» de chataignes vertes	29	0	0
» de pois blancs, chiches et lentilles	72	10	0
» de fèves, pois rouges et autres légumes	58	0	0
» de noix entières	43	10	0
» du vin muscat	43	10	0
» du vin rouge	36	5	0
» du vin blanc	29	0	0
Faisan	29	0	0
Perdrix	21	15	0
Livre d'huile d'olive	4	16	8

payemeut des capitaux, qui devaient remplacer le

	Livres	Sols	Deniers
Sétier d'amandes entières	58	0	0
Rub contenant 25 livres de gru-			
maux d'amandes soit amères			
soit douces	7	5	0
Chapon	18	2	6
Poule	10	17	6
Rub de viande de boucherie	36	5	0
Brebis	36	5	0
Mouton	58	0	0
Chèvre	58	0	0
Livre de poivre	43	10	0
» de gingembre	36	5	0
» de cire	36	5	0
Rub de foin	7	5	0
» de paille de froment	3	12	6
» de » de seigle	2	8	4
Livre de fromage	2	14	4
» de céras	2	0	3
Douzaine d'œufs	3	12	6

Plus tard, parurent diverses autres tabelles de prix d'affranchissement; nous reproduisons la suivante qui fut fixée,
en 1778, par la R. Délégation pour la baronnie de Quart,
et qui fut ensuite adoptée pour divers autres fiefs de la Vallée d'Aoste. Il y a entre ces deux tabelles, cette double
différence que les mesures ne sont pas les mêmes et que,
dans la première, chaque denrée figure avec son prix déjà
capitalisé, tandisque dans la seconde, elle paraît avec le prix
vénal qu'elle avait en 1778; ce prix, soit cette somme, qu'il
fallait capitaliser, devait donner un intérêt correspondant à la
valeur de la denrée.

Voici cette seconde tabelle:

Pour l'argent, le capital est au 3 1/2 %.

Froment   14 Livres le sac.

montant des tribnts (1) ; elle entra, enfin, dans dif-
férents détails qui font honneur à l'esprit de pré-

Seigle	10	Livres	10	sols le sac.
Orge	8	»	0	»
Avoine	7	»	0	
Noix	8	»	0	
Amandes	12	»	0	
Chataignes	8	»	0	»
Vin rouge	6	»		la charge.
Chapon	6	»	5	sols l'un.
Mouton	3	»	10	» l'un.
Faisan	1	»	15	» »
Fer de cheval			10	» »
Poules			10	» l'une
Langue de bœuf	1	»	5	» »
Perdrix	1	»	7	sols, 6 deniers l'une.
Œufs			5	» la douzaine.
Foin			6	» le rup.
Fromage			3	» 6 den. la livre.
Ceras			2	» 6 » »
Cire	1	»	10	» la livre.
Viande de bœuf			2	» 6 den. la livre.
Beurre			5	» la livre.
Poissons	1	»	10	» »
Poivre			10	» »

Le plaît en chapons, en perdrix, en cire, en moutons, en
poules se paye une fois pour toujours, ainsi que la prélation
à chaque vente.

L'intrage en fromage, etc., se paye une fois pour toutes.

(1) « Les favetiers, dont la cote d'affranchissement ne s'é-
lève qu'à L. 10, doivent la payer en entier dans l'année
après le contrat ; ceux qui sont cotisés pour L. 20, dans
deux ans avec les intérêts relatifs. Les débiteurs des sommes supérieures, la payeront le plus tôt possible, afin de
diminuer les intérêts annuels, en acquittant plus vite une

voyance, à la sagesse et au patriotisme de la R. Délégation.

Le souverain adhéra pleinement aux désirs de ce tribunal et du Duché. Il se fit un devoir de généraliser les avantages des affranchissements, non plus seulement en permettant, mais en imposant, dans la Vallée d'Aoste, les rachats des dîmes et des rentes féodales. Il publia, à cet effet, en 1784, un édit dans lequel il tint bon compte des observations de la Délégation et qui portait ce titre : « *Lettres-patentes de S. M. pour l'affranchissement des Fonds sujets aux devoirs féodaux ou emphitéotiques dans le Duché d'Aoste, avec diverses dispositions relatives à cet objet.* »

Voici la teneur de cet édit important :

VICTOR-AMÉ

PAR LA GRACE DE DIEU,

Roi de Sardaigne, de Chypre et de Jérusalem,
Duc de Savoye, de Montferrat, etc.,
Prince de Piémont, etc.

Sur les Recours qui Nous ont été présentés par différens Vassaux de Notre Duché d'Aoste, Nous avons par des Lettres-Patentes particulieres autorisé la Délégation établie à la Cité pour la vérificatione des Biens exempts, à pourvoir pour l'Affranchissement de leurs Fiefs et Emphitéoses, en la même conformité prescrite à la Délégation établie en Savoye pour l'exécution de l'Edit du 19 Décembre 1771. Et comme Nous venons

---

partie des capitaux ». Cette détermination, qui servit ensuite pour tous les contrats de ce genre, fut prise par la R. Délégation, dans la séance du 23 novembre 1778, à l'occasion de l'affranchissement de la baronnie de Quart, où il y avait plus de quatre cents cotes, dont le capital n'excédait pas 10 livres.

d'apprendre qu'ensuite de ces Dispositions près de la moitié des
Fonds dudit Duché est actuellement affranchie de tous Devoirs
féodaux et emphitéotiques (1), Nous Nous sommes d'autant plus
volontiers déterminés à étendre par une Loi générale les mêmes
Dispositions à tout le Duché, qu'après y avoir introduit, par
Notre Edit du 7 Octobre de l'année dernière, le système de la
Péréquation, rien n'est plus propre à rendre invariable la juste
répartition des Impôts qu'un Affranchissement général, qui en
faisant cesser la nécessité des opérations prescrites par l'Article 7 de cet Edit, pour procurer aux Possesseurs une diminution de Taille proportionnée aux redevances qu'ils payent, pré-
viendra toute variation aux Cadastres. A ces causes, par les
Présentes, de Notre certaine science et Autorité Royale, eû sur
ce l'Avis de Notre Conseil, Nous avons statué et ordonné, sta-
tuons et ordonnons ce qui suit.

1° Nous autorisons la Délégation établie à la Cité d'Aoste
pour la vérification des Biens Féodaux, ou de l'ancien Patrimoine de l'Eglise, par les Lettres-Patentes du 24 Novembre
1768, et autres subséquentes, à ordonner l'Affranchissement
des Fiefs et Emphitéoses rière le susdit Duché, tant sur la demande qui lui en sera faite de la part des Possesseurs des
Rentes, que sur celle des Communautés respectivement, et à
connoître en conséquence, et décider toutes les contestations qui
pourront s'élever à ce sujet, en se conformant aux règles qui
ont été prescrites à cet égard à la Délégation établie en Savoye
pour le même objet, par l'Edit du 19 Décembre 1771, et autres Dispositions émanées en conséquence, et ainsi qu'elle l'a
pratiqué pour les Affranchissements qui ont déjà été faits par
le passé en vertu des Commissions particulières ci-devant énoncées.

---

(1) « En Savoie, bien que l'Affranchissement ait été imposé
avant que dans la Vallée d'Aoste, un tiers seulement des
rentes était racheté, lorsque les révolutionnaires français s'em-
parèrent de ce pays en 1792, et supprimèrent sans indem-
nité les droits féodaux ». (Précis de l'histoire de Savoie par
L. C. et F. P. B.)

2º Les Affranchissements des droits qui relèvent de Notre Couronne, devront néanmoins être par Nous autorisés et approuvés par Notre Chambre des Comptes, ouï Notre Procureur Général, tant pour l'intérêt du Fief et du Domaine, que pour l'emploi du Prix en provenant.

3º Nous voulons bien, par un effet de Nos Graces, et en vue de l'utilité publique qui résulte de la liberté des Fonds, accorder pour les Affranchissements qui se feront en vertu des Présentes, la même remise des droits de Lods, *Tot Quot et Quos*, qui a lieu pour ceux qui se font en Savoye.

4º Les Corps Ecclésiastiques, Vassaux et autres qui affranchiront, auront le choix d'avoir les Communautés débitrices du prix convenu ou arbitré, ou la Caisse de la Province : Et dans ce dernier cas le montant des impositions et répartitions à ce sujet, entrera aussi dans la dite caisse, afin que le revenu soit exactement payé aux créanciers, jusqu'à ce qu'elle puisse acquitter le capital.

5º Nous ordonnons qu'il soit tenu un compte à part de toute la recette et dépense de la Caisse d'Affranchissement, que la Délégation se fera présenter annuellement, en fixant au Trésorier un droit proportionné.

6º La circulation de l'espèce, et le bien des Communautés exigeant que l'argent destiné aux Affranchissements ne demeure pas oisif dans la Caisse, jusqu'à ce que chaque Communauté y ait un fond suffisant pour payer tout le prix de l'Affranchissement. Nous voulons que les fonds faits, ou à faire, par la voie des impositions, ou par le produit de la vente des communs, soient en attendant employés au profit des Communautés qui seront plus à portée de s'affranchir, et ainsi successivement des unes aux autres. Autorisons en conséquence la Délégation à permettre cet emploi de la maniere qu'elle jugera le plus équitable suivant les circonstances, et en prenant toujours les précautions nécessaires pour que les Communautés, dont on emploit les fonds, ne souffrent aucun retard dans leur Affranchissement, ni aucun autre préjudice. Chargeons à cet effet l'Intendant de donner, lors de l'Ordonnance d'admission du Rôle d'imposition, les dispositions nécessaires pour que les Communautés qui auront profité des fonds de la Caisse, en fassent le remboursement le plutôt qu'il sera possible.

7° Nous conférons à la susdite Délégation pour tout ce que dessus, les annexes, connexes, circonstances et dépendances, toute l'Autorité requise, même la Sénatoriale et Camérale : Et voulons que le nombre de trois des Délégués, pourvû qu'il intervienne toujours l'Intendant, ou le Juge-Maje, et le Vice-Intendant en cas d'absence ou empêchement du premier, suffise pour connoître, pourvoir, arbitrer et décider en la susdite conformité, avec l'intervention de l'Avocat Fiscal ou son Substitut.

Mandons à Nos Sénats de Savoye et de Piémont et à Notre Chambre des Comptes, d'enregistrer les présentes qui seront publiés rière le Duché d'Aoste, aux lieux et à la maniere accoutumés. DONNÉES à MONCALIER, le 2 du mois de Juillet, l'an de grâce 1784, et de Notre Regne le douzieme.

Signé, V. AMÉ.

Contresigné, CORTE.

Ces Lettres-Patentes furent entérinées par la Chambre des Comptes le 17 juillet 1784, et ensuite par les Sénats de Turin et de Savoie.

En exécution de cet édit, la R. Délégation expédia, le 15 janvier 1785, à toutes les communautés une ordonnance, dont nous relevons ici quelques détails et les principales dispositions.

La Caisse Générale d'affranchissement ayant été établie sous la direction de la Délégation, celle-ci nomma pour trésoriers son commissaire Jean-Claude-François Uzel et le notaire Antoine-Balthazard Arbaney, conseiller de la Cité. La Caisse se tint dans la maison de ce dernier.

Les communautés déjà affranchies ou qui allaient s'affranchir devaient « verser dans la dite Caisse, par le moyen de leurs exacteurs, tout l'argent destiné au payement des capitaux et intérêts des affranchissements provenant des impositions, répartitions, vente de communs (1) ou d'autres moyens, en payant aux trésoriers le demi pour cent des sommes qui s'y versaient, et un autre demi pour cent de celles qui devaient être payées hors de la province, moyennant lesquels droits les trésoriers étaient chargés de faire parvenir les sommes payées à leur destination, et les communautés étaient dûment libérées sur les quittances des trésoriers ».

Les communautés choisies par les seigneurs pour leurs débitrices préférablement à la Caisse, étaient exemptes de l'obligation susdite, mais elles devaient néanmoins « transmettre de six mois en six mois aux trésoriers la note des fonds qu'elles avaient en réserve pour les dits affranchissements ».

Il était facultatif à tous les favetiers de porter en toute saison directement à cette Caisse leurs capitaux, lorsqu'ils excédaient la somme de cent livres sans passer par les mains des Exacteurs ou Receveurs des Communautés, en payant seulement le droit de Caisse comme sus (2). Pour y

---

(1) Bois et autres propriétés des communes.

(2) On voit ici l'utilité de la Caisse pour les favetiers. Cette utilité n'était pas moindre pour les communautés de tout le Duché, lesquelles, au lieu de déposer des sommes importantes entre les mains d'exacteurs plus ou moins solvables, les portaient directement à la Caisse générale. De leur côté, enfin, les seigneurs appréciaient justement la Caisse, dont les trésoriers leurs faisaient parvenir en bloc et aux termes voulus, des capitaux et des intérêts qu'ils n'auraient pu recevoir qu'à parties brisées d'une foule de communautés et de débiteurs assez éloignés les uns des autres.

être admis, ils devaient cependant faire résulter aux trésoriers qu'ils avaient acquitté toutes les redevances arriérées, portées à leur colonne dans le cottet, ainsi que les intérêts du capital à débourser (1).

Les seigneurs et les corps moraux jugeaient de l'utilité d'un affranchissement en comparant le revenu des censes « en ferme » soit en location avec l'intérêt du capital total qui en était offert. Quand un seigneur ou un corps moral d'une part, des favetiers ou une communauté, d'autre part, estimaient que l'affranchissement concordé entre eux leur était respectivement avantageux, la Délégation prenait connaissance de leurs conventions et dressait son arrêt, qui précédait ou parfois suivait la célébra-

---

(1) Les favetiers étaient souvent en retard pour payer leurs redevances. Ainsi, pour n'en citer que deux cas, le 14 février 1754, certain Martin de feu Pierre Besenval de Torgnon « parut à Chambave, dans la Maison forte du dit lieu, devant Jacques Grosso, procureur du baron de Cly, et devant le notaire Jérôme Pignet, et promit de payer, avant la foire de mai, L. 12, qu'il devait encore pour blé, avoine et 6 sols dûs annuellement pour censes, dès l'an 1743, jusqu'en 1751 inclusivement, plus L. 2 pour frais de retard de payement ». (Min. du not. J. Pignet, aux Arch. not. d'Aoste).

En 1778, le comte Perron avait affranchi, pour la somme de 240.000 Livres, sa baronnie de Quart, c'est-à-dire les Communautés de Saint-Christophe, Roisan, Valpelline, Bionaz, Quart et une bonne partie de celles de Saint-Laurent d'Aoste et de Saint-Barthélemy. Or, la commune de Quart, outre sa part d'affranchissement, devait encore lui payer plus de 8000 Livres de censes arriérées, etc. (Reg. de la R. Délégation.)

tion du contrat. Celui-ci n'avait cependant de valeur qu'après l'approbation de la R. Chambre des
Comptes. Cette dernière formalité accomplie, on
procédait à la répartition « sur la généralité » du
prix d'affranchissement tant pour le capital que
pour les intérêts. A cet effet, un commissaire et
un prud'homme étaient nommés par la communauté pour égancer chaque fief et chaque pièce et
dresser un cottet, que l'on remettait à un exacteur,
afin de pouvoir exiger des particuliers la somme
établie dans le contrat d'extinction.

Le susdit recours de la R. Délégation, disait que
« la moitié des Fonds du Duché était déjà affranchie de tous devoirs féodaux et emphytéotiques,
ou que du moins les prix en étaient fixés ». Le
roi se réjouissait de ce résultat dans son édit du
mois de juillet 1784, que l'on a lu plus haut et,
grâce aux ordres qu'il y donna, les autres actes
d'extinction se succédèrent au point qu'au 15 avril
de l'an 1800, d'après une note du registre des *Remontrances,* « presque tous les vassaux étrangers
avaient déjà perçu le montant des affranchissements ». Ayant plus de facilité que les seigneurs
du pays pour placer leurs capitaux en Savoie et
en Piémont, n'ayant, d'ailleurs, aucun attachement
pour des sujets et des populations qu'ils ne con-
naissaient pas, ils ne leur accordèrent que peu de
répit pour solder l'extinction de leurs tributs.

Les seigneurs valdôtains, au contraire — nous voulons dire ceux qui étaient de vraie race valdôtaine,
qui vivaient la plupart du temps dans le Duché
et qui aimaient sincèrement leur patrie avec ses
nobles souvenirs et ses gloires antiques — ces seigneurs, devenus trop rares déjà à cette époque-là,

étaient moins pressés de rompre avec le passé et d'affranchir leurs droits séculaires.

Tel était le comte de Challant qui, malgré ses dettes, ne pensait guère à s'en délivrer en affranchissant ses fiefs ; en 1783, ses favetiers d'Ayas et de Brusson recoururent eux-mêmes au roi pour obtenir, par son entremise, l'extinction de leurs redevances. Tel fut encore le comte de Vallaise qui, en réclamant, en 1783, l'affranchissement des tributs qu'il percevait dans sa juridiction d'Arnad, disait, dans son acte de cession, avec une bonté toute paternelle : « Il sera facultatif à la communauté de s'acquitter de ces capitaux quand les forces le lui permettront, même en parties brisées ».

Un des derniers actes d'affranchissements, faits par les seigneurs du pays, fut probablement celui de la baronnie d'Aymaville. L'indécision du baron Philippe-Maurice de Challant, se joignant à son état maladif et aux difficultés dont cette transaction était hérissée, le contrat définitif n'eut lieu qu'en 1789. Les favetiers eurent vingt ans de latitude pour remplir leurs engagements.

Victor-Amédée III, de son côté, ne s'empressait guère d'éteindre les rentes féodales qu'il possédait dans notre Duché. Ainsi le vice-intendant J.-B. Réan, accensait encore, en 1779, pour la somme annuelle de L. 150, au médecin Pierre Defey de Perloz, citoyen d'Aoste et trésorier du roi dans notre pays, tous les revenus des terres, censes, greffes, etc, de Brissogne, Pollein, Charvensod, provenants du baron Ferrod et appartenants à S. M. *(Min. du not° Laracine)*.

Plus tard encore, le 21 novembre 1786, par devant le même notaire, le même vice-intendant ac-

censait pour six ans et pour le montant annuel de
de L. 780, à Joseph-Antoine Germano de Settimo
Vittone, les biens ruraux (les censes étant louées
à part) de la seigneurie de Pont-Saint-Martin, qui
relevait de la Couronne.

Après cet aperçu générique, nous allons, dans les
pages qui suivent, parler de l'affranchissement des
censes ecclésiastiques, et nous reproduirons ensuite,
en partie ou en entier, les contrats d'extinction
faits par quelques seigneurs du Duché, contrats
dont nous avons des copies entre les mains, et qui
nous semblent pleins d'intérêt à divers points de
vue.

Nous espérons continuer plus tard ce travail, et
donner aussi connaissance des actes d'affranchissements de diverses autres seigneuries et de quelques corps moraux du pays.

§ I.

AFFRANCHISSEMENT

DES

Censes Ecclésiastiques

Vers le milieu du XVIII° siècle, comme dans toute la période du moyen-âge, les revenus du clergé valdôtain se composaient du produit de quelques biens, d'un modique casuel et, enfin, de censes, dont l'exaction n'était pas seulement difficile, mais souvent inexigible et même odieuse, surtout pour les curés. Ceux-ci, d'après la constitution primitive de leurs bénéfices, devaient percevoir annuellement de leurs paroissiens des dîmes, des prémices, des offrandes et des censes en argent, en froment, seigle, orge, avoine, poules, cabris, pains, vin, fromages, beurre, céras, œufs, noix, châtaignes, etc. De plus, pour droit particulier de paroissinage, chaque famille, pauvre ou riche, devait leur donner, chaque année, un *sol* ou quelques denrées. Or, l'on comprend tout ce qu'il y avait de pénible pour un curé à envoyer un exprès exiger ces *collectes* de porte en porte, tandis que bien des paroissiens peu aisés auraient eu besoin de recevoir eux-mêmes des secours. Et que dire des bénéfices-cures dont les censes constituaient le tiers, la moitié ou même la majeure partie des revenus ? (1). Il était temps,

---

(1) Voir aux Archives de la Sous-Préfecture, dans les Registres de la R. Délégation, les rapports pour la portion congrue d'Issogne, de Pontbozet, de Valtornenche, etc.

pour les uns et pour les autres, d'en finir avec cet
état de choses.

Elle fut donc bien accueillie de toutes parts la
circulaire de l'intendant (1) Vignet des Etoles, datée du 18 juin 1776, laquelle annonçait que S. M.
par patentes du 30 avril précédent, avait chargé la
R. Délégation de réformer la dotation des bénéfices-
cures, en subrogeant aux dîmes et autres redevances
anciennes une portion congrue en argent.

A cette époque, tous les bénéficiers du diocèse,
ou à peu près, avaient déjà fait parvenir aux Délégués l'état des censes et des biens exempts d'impôts, qui avait été réclamé en 1768, et dont nous
avons parlé plus haut (2). Sur l'invitation qui leur
en fut donnée par l'intendant d'abord, et ensuite
par l'évêque, les curés préparèrent de nouveau et
remirent aux conseils de leurs communautés une

---

(1) Fabar fut le dernier vibailli d'Aoste et le baron Vignet
en fut le premier intendant.

(1) Le clergé valdôtain, après douze ans de travaux et de
dépenses, venait à peine d'obtenir le maintien de l'immunité d'une partie de ses biens et de ses censes, que déjà
cette exemption fut sur le point de lui être ravie. Le gouvernement, qui oubliait si souvent et si volontiers les privi-
lèges du Duché, fit signer au roi, le 17 juin 1783, un décret,
en vertu duquel tous les biens, effets et revenus, qui jouis-
saient de l'immunité ecclésiastique, étaient soumis pendant
quinze ans, pour les deux tiers, aux mêmes tributs auxquels
étaient soumis les biens, etc., qui n'étaient pas exempts. Les
deux Chapitres et les Supérieurs des Couvents d'Aoste, au
nom de tout le clergé séculier et régulier du diocèse, recoururent à S. M., en date du 17 novembre suivant, en lui
exposant ses tristes conditions financières, « la notable dimi-

consignation, plus détaillée que la précédente, de tous les biens, offrandes fixes et droits de leurs cures, avec la note des fondations et des legs, sans cependant faire mention des oblations volontaires, des droits d'enterrement et autres casuels. Ils firent également connaître les rentes et les charges du vicariat, quand il y en avait dans leurs paroisses. Ils spécifièrent à part le produit des biens et les rentes sûres, qui devaient être computés en congrue et indiquèrent séparément la somme à laquelle relevaient les dîmes, prémices et autres redevances d'exaction incertaine. Usant de la faculté qui leur fut laissée, la plupart des curés se réservèrent les biens immeubles et quelques revenus sur lesquels ils pouvaient compter, et abandonnèrent les autres droits à leurs communautés, moyennant un corres-

---

nution de droits qu'il a ressentie depuis environ deux siècles dans les censes en argent, dans les dîmes (principalement la Cathédrale), dans les offrandes, dans leurs biens-fonds, dans les terres emphytéotiques et feudales, etc... Ces causes et autres, ajoutait le recours, rendent à présent les suppliants plus dignes de commisération que ne l'étaient les Bénéfices de ce diocèse lorsque Pie IV, par sa Bulle donnée à Rome le 18 des cal. de février 1561, déclara le Clergé de la Cité et du diocèse d'Aoste exempt à perpétuité de toutes sortes de charges pour part du Saint-Siège, et non compris, à cause de sa pauvreté, dans les Bulles qui les imposeraient. Les recourants..... supplient donc S. M. qu'elle daigne ordonner que le Clergé séculier et régulier du diocèse d'Aoste continuera de jouir en entier de l'immunité ecclésiastique de leurs biens, effets et revenus...... »

pectif annuel en argent, qu'on appela supplément de congrue (1).

Que le montant de ces revenus eût été concordé ou non entre les curés et les conseils, un membre de la Délégation se rendait sur les lieux, entendait les parties et faisait son rapport. L'avocat fiscal, chargé de soutenir les droits des communes, examinait le tout, présentait ses conclusions, et la Délégation donnait son arrêt définitif.

Le premier et le seul arrêt rendu en 1777, concernait la paroisse de Féuis ; durant les années 1878-79, aucun arrêt ne fut prononcé ; en 1780, il n'y en eut que deux, pour Donnas et Pont-Saint-Martin. L'année suivante, il y en eut vingt-sept,

---

(1) Plusieurs curés renoncèrent d'autant plus volontiers à certaines censes en vin, etc., qu'ils devaient les exiger dans des paroisses très éloignées. Quelques autres, tels que ceux de Valtornenche, de Pontbozet, de Pont-Saint-Martin et de la Vallaise, relachèrent non seulement les dîmes et autres droits, mais encore tous les biens — à l'exception d'un petit enclos — parce qu'ils étaient trop distants de la cure, ou d'une extension insignifiante, ou situés sur des terrains stériles, exposés à des éboulements, etc. Ces divers curés n'eurent que trop de raisons pour agir de la sorte ; mais, en thèse générale, il faut convenir que, pour l'entretien du clergé, une dotation fixe sur le Trésor de l'Etat est loin d'offrir la même sécurité qu'une dotation sur des biens immeubles. A supposer même que, par suite de troubles financiers ou de bouleversements politiques, la rente ne cesse pas d'être versée aux termes voulus et sans diminution, ce traitement stationnaire n'est pas équitable, parce que le prix des denrées subit de siècle en siècle une hausse progressive et considérable.

et en 1782, furent rendus les arrêts pour toutes les autres paroisses, à partir de Châtillon jusqu'au sommet de la Vallée.

La Congrue pleine ou complète d'un curé avait été fixée à la modique somme de 333 livres, 8 sols et 8 deniers, et à 600 Livres, lorsqu'il y avait un vicaire dans la paroisse. Ce qui manquait aux revenus de la cure, ou aux revenus unis de la cure et du vicariat pour arriver à ces chiffres, les communes, par arrêt de la Délégation, se chargèrent de le fournir elles-mêmes par semestres anticipés. A cet effet, les paroissiens, heureux de se délivrer de leurs vieux tributs, objets de tants de contestations, promirent de payer, individuellement, deux ou trois sous par livre, à raison de la cotisation foncière. De son côté, l'Ordinaire diocésain, pour leur venir en aide, autorisa les communes à s'approprier les fonds des distributions en pain, vin, etc., qui se faisaient en certaines processions, ainsi que les avoirs de diverses institutions, qui ne répondaient plus à leur destination primitive, comme les hôpitaux des pèlerins, les confréries du Saint-Esprit et de Saint-Sébastien, etc.

Cette nouvelle dotation des cures, quelque mesquine et insuffisante qu'elle fût, d'après l'évêque et d'après l'intendant lui-même, était néanmoins préférable à la dotation précédente dont nous avons signalé les inconvénients.

Malheureusement, au bout de quelques années, l'exaction de ces contributions individuelles fut négligée, et les communes ne faisant plus face à leurs engagements envers les curés, ceux-ci durent « s'adresser au gouvernement pour le maintien des arrêts de la R. Délégation et pour autoriser les fabriciens d'exiger, au lieu des communes, le montant des congrues ou leurs suppléments, se règlant pour la répartition sur les cahiers de la cotisation foncière, et acceptant en denrées les payements que l'on voudrait faciliter, ce qui ne pouvait être fait par les percepteurs des communes. » *(Le Clergé d'Aoste du XVIII° siècle* par M. le chan. P.-E. Duc).

Les curés se retrouvaient ainsi dans une situation presque analogue à la précédente et voisine de la misère. Elle dura jusque vers l'an 1812, où le gouvernement remania la dotation des bénéfices-cures, supprima les restes de certaines censes qui avaient été imputées en congrues, et porta à L. 500 le traitement des curés et à L. 300 celui des vicaires (1).

Voilà pour le clergé paroissial.

*

Quant aux affranchissements des censes des Chapitres de la Cathédrale et de la Collégiale ainsi que des communautés religieuses du diocèse, nous n'avons, pour le moment, que des notes incomplètes entre les mains.

*

Terminons ce chapitre en parlant de l'extinction

---

(1) Ces honoraires purent rigoureusement suffire jusque vers la fin du XIX° siècle. Alors, le gouvernement, considérant, d'une part, le prix toujours croissant des vivres et des impôts, et d'autre part, les services inappréciables rendus par les pasteurs des âmes, augmenta encore notablement leur revenu annuel, et leur fournit un entretien qui, en sauvegardant leur indépendance vis-à-vis du peuple, les mit aussi en état de se montrer de mieux en mieux les pères de leurs ouailles et les initiateurs de différentes œuvres populaires.

des censes dues à la Mense épiscopale. Celle-ci percevait des tributs dans trente-trois communes du diocèse, c'est-à-dire dans les localités suivantes : Ville d'Aoste, Saint-Christophe, Gressan, Jovensan, Aymaville, Saint-Marcel, Roisan, Arvier, Saint-Georges de Rhêmes, Saint-Oyen, Etroubles, Gignod, Introd, Morgex, Pré-Saint-Didier, La-Thuile, Courmayeur, La-Salle, Saint-Pierre, Villeneuve, Saint-Nicolas, Doues, Allein, Quart, Charvensod, Pollein, Valpelline, Donnas, Ollomont, Bionaz, Sarre, Avise et Brissogne.

La rénovation de tous ces fiefs aurait coûté au successeur de Mgr Pierre de Sales une somme qui nous semble incroyable aujourd'hui. Dans une lettre adressée au Roi et datée du 4 novembre 1783, la R. Délégation disait que cette opération aurait causé une dépense de 50 à 60.000 Livres, et que le nouveau prélat se serait d'autant plus empressé à demander l'affranchissement de ces censes que la moitié environ était déjà tombée dans l'inexaction.

Mgr Paul Solar, nommé à l'évêché d'Aoste l'année suivante, ne tarda pas à faire dresser les états des rentes féodales et emphytéotiques dues à la Mense par les susdites communes, et se pourvut auprès de la R. Délégation, dès le 24 février 1786, aux fins de faire publier ces états dans les paroisses intéressées. Peu après, ce tribunal « assigna les conseils de ces communautés pour avouer ou contredire la légitimité des susdits états par devant leurs secrétaires respectifs, dans le terme de trois mois. » Ces états vérifiés, il s'agissait d'en venir au prix complexif d'affranchissement. Le procureur de la Mense, comme l'avaient fait les autres seigneurs du pays, qui avaient déjà affranchi leurs terres, se

basa, pour cette cession, sur le produit des derniers
louages des censes, et demanda aux trente-trois communes un capital correspondant au revenu annuel
de 4.246 Livres. Les denrées, loin d'avoir été esti-
mées à un prix exagéré dans les accensements susdits, avaient, au contraire, été taxées au prix adopté
pour l'affranchissement de la baronnie de Quart,
et même au-dessous pour le seigle, etc. Les délégués des communes n'offrirent d'abord qu'une somme capitale de 86.240 Livres, puis de 90.000 Livres,
sommes qui ne furent pas acceptées par le procureur de l'Evêché. Les réunions continuèrent pendant l'année 1789, mais sans succès, malgré l'intervention du vice-intendant Réan.

Les parties étaient sur le point de s'en remettre
à la décision de la Délégation, lorsque Mgr Solar,
voulant régler la chose à l'amiable, se contenta d'un
capital, dont le revenu, au taux de l'époque, ame-
nait une diminution soit une perte annuelle de 746
Livres pour la Mense. Ce capital, accepté de part et
d'autre, fut de cent mille francs.

Ne furent pas compris dans cette convention :
1° les droits d'échute et de servitude sur une partie
de la maison du médecin Louis-César Forré, située
dans la rue méridionale Nabuisson (1) ; 2° les droits

_____

(1) Cette partie de la maison Forré, avec place et jardin,
était l'ancien hôpital de Nabuisson, dont la fondation re-
montait au commencement du XIIIe siècle. D'après l'inféodation qui en avait été faite, le 11 mars 1641, à noble Jean-
Laurent Vuillet, le possesseur de ce domicile était tenu « à
y maintenir un oratoire et quatre lits (réduits plus tard à
deux) pour les pauvres prêtres pèlerins ; il devait en outre
leur fournir le bois nécessaire pour le chauffage avec un

des langues sur les boucheries d'Aoste; 3° les rentes féodales de Cogne; 4° les droits de réversibilité à la Mense épiscopale des fiefs nobles d'Aymaville, Rhins et autres de cette nature, droits dont
l'affranchissement devait être traîté à part par la
R. Délégation.

Sur ces bases fut conclu l'acte d'extinction des
censes dues à la Mense épiscopale. Par devant le

---

fourneau, une étuve, une cuisine, un réfectoire et un corri-
dor pour se promener », le tout à la décharge de la Mense
épiscopale, à laquelle le dit hôpital avait été uni, à ces conditions, par Bulle du 6 des Ides de janvier 1456. Cette maison, passée plus tard avec ses obligations au médecin Forré,
était réversible à la Mense en cas qu'il mourût sans pos-
térité.

A cet édifice, au XVII° siècle, en avait été uni un autre,
vertu de testament du noble Vuillet susdit, reçu le 14 octobre 1649 par le not. Meilleur. Ces deux maisons n'en for-
mèrent dès lors qu'une seule, qui retenait le nom d'hôpital
de Nabuisson. La dernière n'était sujette à aucune réversibilité, mais soumise à un servis de 6 sols et à 2 sols de
plaît, lesquels avaient déjà été affranchis, ainsi que la maison, dans le contrat du 28 avril 1790.

Restaient donc à affranchir la réversibilité et la servitude
de logement de l'hôpital proprement dit. Le cas de l'échute
était très éloigné, vû que la famille Forré était fort nombreuse. Quant aux pèlerins, on n'en voyait presque plus à
cette époque, et les revenus de l'hôpital étaient distribués
aux pauvres. Le médecin Forré et le procureur de la Mense
traîtèrent du prix de cet affranchissement; mais à défaut
d'accord entre eux, Mgr Solar et Forré s'en remirent à
l'arbitrage de l'intendant, qui fixa cette cession à 1100 Livres.

Le contrat eut lieu le 30 mai 1791, Laracine notaire. L'é-
vêque, « en sa qualité de recteur de l'hôpital affranchit

not. Laracine, dans le Palais épiscopal d'Aoste, le 28 avril 1790, à sept heures de l'après-midi, se constituèrent Mgr Solar et les 42 députés des trente-trois communes (1). « Le prélat, dit l'acte, pour lui et ses successeurs au dit Evêché, a éteint, affranchi, cédé et abandonné comme par le présent il cède, affranchit et abandonne, vend et aliène au besoin, aux communautés susdites, toutes les censes et rentes tant féodales qu'emphytéotiques, servitudes et autres devoirs seigneurieux en grains, vin, denrées,

_____

spectacle Forré de toutes servitudes et obligations imposées sur l'hôpital Nabuisson, portées qar les inféodations et reconnaissances du 11 mars 1641 et 22 décembre 1714, et par tous autres titres de reconnaissance de même que de tous autres droits qui peuvent être dûs par dites maison, place et jardin à la dite Mense, pour la somme de L. 1100, payable incontinent après toutes dues approbations du présent acte par les Magistrats ». La Mense devait employer en aumônes le revenu de ce capital. Cet acte fut approuvé par la R. Délégation, le 18 juin suivant.

La maison construite sur l'emplacement de l'hôpital primitif de Nabuisson (rue actuelle Emmanuel-Philibert, N° 3), passa, en 1876, d'Humbert Forré à J.- B. Beraud, qui la revendit à Laurent Montegrandi, par acte du 16 juillet 1881, J.-B. Pignet notaire. Sur la façade de cette maison, on voit encore une ancienne statue, qui représente la Vierge, et qui appartenait sans doute au vieux hôpital. L'autre partie de la maison Forré, au couchant de la précédente, passa de Paul Forré à Caroline Negro, femme Barrel, et fut vendue, en 1905, à M. le pharmacien Anaclet Colli-Lanzi.

(1) Chacune des trente-trois communes se fit représenter par un délégué, à l'exception de quelques-unes, qui en envoyèrent deux. Parmi ces délégués, plusieurs étaient des notaires ou des avocats qui résidaient à Aoste.

argent et autres prétentions quelconques annuelles et casuelles, tant portées sur les Etats présentés à la R. Délégation qu'autres inconnus, cogités et à excogiter pour raison de féodalité et d'ancien patrimoine de l'église, dépendants de la même Mense rière les dites communautés ». Sont réservés ici les droits déjà mentionnés ci-dessus.

Les procureurs et délégués des paroisses promirent de payer à la Mense le susdit capital, dans les termes qui auraient été fixés par la Délégation. L'évêque, de son côté, s'engagea à remettre, dans un an, « à toutes les communautés, les Grosses, terriers, cottets et autres littérés quelconques servant à l'établissement et à l'exaction des droits affranchis ». Le tout sous la réserve de l'approbation de la R. Délégation, et sous l'obligation respective des biens de la Mense et des communautés.

Cet acte est clos par la signature de Mgr Solar, des quarante-deux délégués des communes, des témoins : Antoine François feu Gaspard Eugène De-Tillier, des seigneurs pairs du Duché et de Claude Marie Forest, liquidateur, natif de Macon, en Bourgogne, habitant à Aoste et, enfin, du notaire Claude Laracine.

Voici les noms des représentants des communes :
Ville d'Aoste : le vassal Victor-Elzéard, feu le seigneur Pierre-Nicolas Passerin d'Escalier et le seigneur Jean-Joseph-Dominique D'Avise, baron de Charvensod, feu l'avocat J.-B. D'Avise, tous deux natifs et habitants de cette ville. — Saint-Christophe : le dit Passerin d'Escalier et Jean-Mathieu Petit-Jacques de Saint-Christophe. — Jovensan : Jean-Pantaléon Gontier. — Aymaville : Jean-Léonard Blanc et Antoine-Sulpice Gontier. — Saint-

Marcel : Marcel-Joseph Pessein et Jean-Louis Champion. — Roisan : Germain Lacroix. — Arvier Jean-Pantaléon Baulin. — Rhêmes-St-Georges : le not. J.-Georges Favre de St-Georges, résidant à Aoste. — Saint-Oyen : le not. Grat-Joseph Proment de Saint-Oyen, habitant à Aoste. — Etroubles : le même avec Antoine-Joseph Deffeyes et Jean-Joseph Marcoz. — Gignod : le not. François-Léonard Marguerettaz, résidant à Aoste, et Jean-François Berluc de Gignod. — Introd : Paul-Thomas Dayné. — Gressan : Jean-Jacques Jorioz et Jean-Marie Impérial. — Morgex : Jean-B. Vagneur de Morgex et Dominique Lale de St-Pierre. — Pré-Saint-Didier : Jean-Jacques Belfrond et Michel-Joseph Barmaz. — Saint-Pierre : J.-B. Luboz et le not. Dominique-Gabriel Gainez d'Attigny, en Lorraine, habitants à Saint-Pierre. — Villeneuve : l'avocat Joseph-Philibert Gerbore feu spectacle Jean-Nicolas d'Aoste. — Saint-Nicolas : le même. — Doues : Jean-François Nex et Blaise Fogner. — Allein : Jean-Mathieu Cerise. — La Thuile : le not. Pierre-Alexis Martinet de La Thuile, résident à Aoste. — Courmayeur : Michel-Joseph Derriard de Courmayeur. — Charvensod : Gilles-Maurice Borbey. — Pollein : Georges Bionaz de Pollein. — La Salle : le chanoine J.-B. Plassier, résidant à Aoste et Jean-Barthélemy Favre de La Salle. — Valpelline : Pierre-Gaspard Ansermin et François Glassier. — Bionaz : Georges Bionaz de Bionaz. — Avise : Jean-Marie Chantel. — Sarre-Chesallet : Jean-François Boniface. — Donnas : Jean-André Nicco. — Quart : l'avocat Jacque Rolland. — Les noms des procureurs des communes d'Ollomont et de Brissogne ne figurèrent ni dans le corps de l'acte, ni parmi les signataires.

La E. Délégation, dans son arrêt du 19 octobre
1790, approuva cet acte et ajouta : « La somme susdite sera payée par la Caisse des affranchissements
au R.^{me} Évêque et à ses successeurs en vingt parties brisées et égales dans le terme de cinquante
années, et en attendant l'intérêt d'icelle au trois et
demi pour cent, payable à la Noël de chaque année par la dite Caisse. Les communautés exigeront
par la formation des cottets vers les respectifs favetiers affranchis les quotes respectives de capital
et d'annuité au *pro rata* de leur débiture particu-
lière suivant la répartition qui en sera faite et
approuvée. »

Signés à l'original de l'arrêt : Saint-Réal, Passerin
d'Entrèves, Bus, Cantaz et Christillin. Contre-signé :
De Tillier, secrétaire.

§ II.

EXTINCTION DES CENSES

dans la Seigneurie de Saint-Vincent (1)

Le 23 août 1748, le comte Charles-François-Balthazard Perron, baron de Quart, seigneur de Saint-Vincent et dépendances, gentilhomme de la Chambre du Roi et son envoyé extraordinaire à la Cour de Pologne, s'était rendu de Turin à Saint-Vincent pour y mettre ordre à ses droits seigneuriaux. Après avoir reçu les hommages des syndics et des conseillers de l'endroit, il leur manifesta son mécontentement soit au sujet de la diminution continuelle de ses revenus dans ce domaine, soit au sujet des longs retards et des entraves qu'y subissait le renouvellement des reconnaissances.

Les syndics répondirent avec respect que tous les commissaires avec lesquels les favetiers avaient eu à traiter, et avec lesquels ils s'étaient transportés sur les lieux à diverses reprises, avaient eu constamment des preuves évidentes de leur bonne

---

(1) Bien que la juridiction de Saint-Vincent n'ait jamais eu de château et qu'elle ait été plutôt un fief qu'une seigneurie, nous lui laissons ici ce dernier titre qui lui est donné dans le présent acte d'affranchissement et par les historiens valdôtains. — Comme il n'y avait pas de château, il n'y avait pas non plus de prison dans la juridiction de Saint-Vincent, au moins en 1750. Les coupables étaient écroués, à cette époque, dans les prisons du château de Châtillon. C'est ce qui résulte du testament d'Angélique Richard, daté du 22 mars 1756, Bonini not.

volonté et de leur affectueuse soumission envers leur seigneur actuel aussi bien qu'envers ses ancêtres. Quant aux pertes et aux retards dont il se plaignait, ils ne devaient pas être imputés à leur négligence, mais uniquement à la difficulté de la vérification des fiefs, attendu qu'ils n'avaient plus été renouvelés depuis quatre-vingt-quinze ans et au delà, et que les anciens tenanciers étant morts, leurs successeurs n'étaient plus à même d'indiquer des confins conformes à ceux d'autrefois. Les difficultés étaient telles que, malgré toute sa diligence et son habileté, le notaire Jean-Jacques Trèves, qui avait été nommé commissaire en 1685, n'avait abouti qu'à renouveler une partie des fiefs situés dans la la plaine, sans avoir pu s'occuper de ceux de la *côte*, dont le travail était bien autrement long et enchevêtré, parce qu'ils étaient les plus chargés de censes et qu'ils devaient fournir, à eux seuls, les deux tiers du revenu complexif. Il était aussi arrivé parfois que trois commissaires successifs n'avaient pu achever la commission d'une paroisse, dans l'espace de trente années pour cause d'infirmités et de décès.

Afin de rémédier à cette situation funeste, les syndics et conseillers firent au comte Perron une proposition également favorable à ses intérêts et aux leurs: c'était de dresser un tableau indiquant le produit de tous les fiefs, tant de ceux qui étaient *in usu solvendi* que de ceux qui ne payaient plus de tribut; il fallait ensuite taxer leur valeur respective et en venir à un contrat d'amortissement et d'extinction des censes. Les favetiers auraient déboursé le correspectif de cette cession en diverses rates à convenir. De cette façon, le seigneur, comme les sujets,

auraient été dès lors dispensés de recourir à des
commissaires et de leur payer, pour émoluments sur
les actes de reconnaissances, des sommes qui étaient
aussi fortes pour les petits que pour les grands fiefs,
et qui dépassaient parfois le montant des tributs
de trente ou quarante années.

Le seigneur Perron accueillit avec joie cette proposition et chargea aussitôt le Rév. Pierre-François
Bizel, chanoine de la Collégiale de Saint-Ours, son
agent et procureur général dans le Duché d'Aoste,
de se concerter avec les syndics soit de Saint-Vincent, soit des ressorts de Champdepraz et de la
Rivière de Montjovet, qui en dépendaient, et de
préparer ensemble les articles préliminaires de cet
arrangement important. Le projet, élaboré à cet effet,
fut envoyé à Turin, examiné et modifié par le
comte, qui passa ensuite, le 5 octobre 1748, un acte
de procuration spéciale en tête du susdit Bizel.
Cet acte, en italien, fut reçu à Turin par le notaire
Joseph-Antoine Malacria, dans un palais du comte,
situé dans la paroisse de Saint-Eusèbe. Il y était
dit que le seigneur Perron était en droit d'exiger
dans le mandement de Saint-Vincent et de ses dépendances, divers tributs féodaux, dont les favetiers
désiraient s'affranchir et que, ne pouvant personnellement s'occuper de cette longue affaire, il donnait à son mandataire, le chanoine Bizel, toute
autorité « pour négocier avec eux en son nom, pour
convenir des prix de vente, pour rédiger un instrument public de cession, pour en percevoir le
correspectif et en donner quittance, promettant d'a-
vance d'agréer et de ratifier tout le géré, et cela sous
l'obligation de tous ses biens présents et futurs ».

Dès que le chanoine Bizel eut reçu cette procuration, il en fit donner connaissance aux syndics et aux conseillers de Saint-Vincent, de Champde-praz et de la Rivière, lesquels eurent hâte d'en venir à la célébration de l'acte solennel, qui allait changer si radicalement leurs conditions économiques. De concert avec le mandataire, ils élurent pour la rédaction de cet instrument, deux notaires de Saint-Vincent même, le noble Jean-Antoine Quey et Jean-Antoine Bonini. Ce dernier était alors juge de cette seigneurie, d'après les documents de l'époque(1).

Tous les intéressés furent avisés d'intervenir au tribunal du bourg de Saint-Vincent, le 13 octobre 1748. Là, les deux notaires leur donnèrent une idée exacte et précise « des droits du comte Perron sur la seigneurie de Saint-Vincent et de ses dépendances, en conformité des livres terriers, protocolles, documents, titres, registre du Recouvré des revenus annuels et casuels de la dite jurisdiction ». Puis, assisté de son collègue, le notaire Bonini rédigea l'acte de l'extinction des censes, lequel comprend 19 grandes pages et s'ouvre par ces mots : « Vente pure contenant amortissement et extinction des tributs feudaux en faveur des Sindics, conseillers et Communiers des paroisses de Saint-Vincent, Champdepraz, Rivière et dépendances par le Rév. seigneur Pierre-François Bizel en qualité

_____

(1) Noble Jean-Antoine Quey, notaire et bourgeois de Saint-Vincent, fut juge de la baronnie de Châtillon à diverses reprises, et notamment en 1751, 1755, 1760 ; il l'était encore à l'époque de sa mort, 2 juin 1764 d'après l'acte de son décès.
` Le notaire Jean-Antoine Bonini, de Jean-Etienne, naquit à Saint-Vincent le 21 février 1686 et y mourut le 30 octobre 1764.

de procureur du Très-illustre seigneur Charles-François Perron, comte de Saint-Martin, baron de Quart, seigneur du mandement de Saint-Vincent ».

Ce document expose d'abord longuement ce que nous venons de résumer dans les quatre pages précédentes ; puis il poursuit en ces termes : « En conséquence de quoi, par devant nous notaires soussignés s'est personnellement constitué le Rév. Bizel en sa qualité sus exprimée, qui de son gré et libre volonté, pour et au nom du dit seigneur, son principal, et de ses hoirs, successeurs et causayants quelsconques à l'avenir, entièrement et pleinement certioré des droits, raisons, actions et prétentions qui peuvent compéter légitimement au même sur la dite terre, seigneurie et jurisdiction de Saint-Vincent et dépendances..... s'est déterminé de faire la vente et cession perpétuelle des revenus jurisdictionnaux de ce mandement en faveur des hommes habitants et manans du dit lieu présents et à venir ; étant persuadé qu'elle redonde à l'utilité évidente du dit seigneur son principal, d'autant plus que par ce moyen ses revenus annuels sont non seulement augmentés considérablement, mais qu'ils deviennent plus certains et liquides, moins dispendieux, et en outre hors de tous risques, frais et dépens pour leur conservation et manutention à l'avenir, puisqu'il conste par les anciens ascensements des revenus jurisdictionnaux du dit mandement qu'on ne payait annuellement que la somme de 378 livres » (1).

---

(1) Tel fut notamment l'accensement fait par le seigneur Louis Solaro, comte de Moretta, jadis seigneur de Saint-Vincent, et reçu, le 7 octobre 1609, par le notaire Laurent Trèves.

« En contemplation de quoi le dit Rév. Sr Bizel, en vertu de son serment prêté à la manière des Ecclésiastiques par devant nous notaires soussignés, a vendu, cédé, remis, transféré purement et irrévocablement aux communautés des dits lieux de Saint-Vincent, Champdepraz et Rivière de Montjovet, représentées par leurs syndics, leurs conseillers ou leurs procureurs fondés de pouvoir, sçavoir : toutes les censes, rentes, décimes, servis, fidélités, plaîts, laods et tous autres tributs feudaux de quelque espèce et dénominations qu'ils puissent être, consistants en seigle, froment, orge, noix, *chatagnes*, vin, brebis, chapons, *gellines*, perdrix, cire, et autres tant annuels que casuels spécifiés et désignés dans les reconnaissances des fiefs situés aux dits lieux respectifs ».

La paroisse de Saint-Vincent devait payer « la somme de L. 13.600 pour l'extinction de tous les tributs annuels et, en outre, L. 1400 pour l'extinc- des laods dheus pour les biens feudaux de la côte soit de la montagne de Saint-Vincent tant seulement, attendu que le terroir dépendant de la Bourgeoisie du dit lieu, qui compose la moitié de la paroisse, n'en doit point pour les avoir acheptés de la Couronne, ainsi qu'en est fait mention dans les anciennes reconnaissances ; lesquelles sommes additionnées ensemblement produisent celle de 15.000 Livres, compris les plaîts dhus tant par la mort du seigneur que des feudataires, payable la dite somme dans cinq années prochaines à commencer depuis le premier janvier 1749, sur le pied de 3000 Livres par année avec les intérêts convenus au trois pour cent, qui composent annuellement la somme de 450 Livres ».

De leur côté, les ressorts de la Rivière et de Champdepraz, dépendants de Saint-Vincent, devaient payer « la somme de 5000 Livres, dont 4430 pour l'extinction des tributs annuels et des plaîts et 570 Livres pour les laods, payables aux termes sus exprimés à raison de mille Livres par année, avec les intérêts stipulés au trois pour cent, qui relèvent à 150 Livres. Lesquelles sommes capitales promises par les sindics de la Bourgeoisie et côte de Saint-Vincent et par ceux de Champdepraz et Rivière composent la somme totale de vingt mille Livres, et les intérêts, celle de six cents Livres (1), comme porte le bail à ferme fait par le Rév. Bizel

---

(1) Le 16 mai 1748, c'est-à-dire, trois mois seulement avant le voyage du comte Perron à Saint-Vincent, le Rév. Bizel, son procureur spécial et général, avait donné « en ascensement, pour six années à Jean-Etienne de feu Baptiste Jacqueminaz-Andrion, bourgeois de Saint-Vincent, toutes les censes et devoirs feudaux, consistant en froment, seigle, vin, brebis, perdrix, chappons, fidélités et généralement tous les autres tributs et revenus seigneuriaux tant annuels que casuels dépendant de la juridiction de Saint-Vincent, Champdepraz et Rivière de Montjovet, Ussel et autres lieux ressortables de la dite juridiction, comme aussi les deux greffes avec les laouds et les plaîts qui écherront par la mort des feudataires, et ce moyennant la somme de 600 livres payables en deux termes, soit à Saint-Jean-Baptiste et à Noël, sous les réserves suivantes : 1° que les amendes tant civiles que criminelles seront partageables par moitié entre le seigneur et Jacqueminaz, ainsi que les frais qui se feront pour la poursuite des instances. Les hoiries vacantes, confiscations et eschuttes seront cependant réservées au seigneur. 2° Le dit Jacqueminaz ne pourra subloquer la ferme sans l'agrément du comte ou de ses agents. 3° En cas que le dit fer-

à Jean-Estienne Jacqueminaz-Andrion (1), lesquelles sommes sus respectivement désignées les dits Sindics, Conseillers, hommes, manans et habitans des dites Communautés de Saint-Vincent, Champdepraz et Rivière, en vertu du serment que chacun d'eux a presté touchant corporellement les Ecritures entre les mains de nous notaires royaux soussignés sous l'obligation et spéciale hypothèque

mier veuille reprendre la ferme après l'expiration des six années, il sera préféré à tous autres à prix égal, mais en prévenant le seigneur un mois d'avance. Le fermier sera tenu de conserver les cottets qui lui seront remis par les hoirs de noble Antoine-Sulpice Chandiou, précédent fermier. En faisant l'exaction, il mettra les noms des nouveaux tenanciers et les restituera en forme à la fin de sa ferme. Le notaire Jean-François Diernaz, syndic moderne du Bourg de Saint-Ours, se présente en qualité de caution, sous l'obligation, comme le fermier, de tous ses biens présents et futurs, qu'ils hypothèquent pour ce fait en faveur du seigneur Perron ». Cet acte fut reçu par le notaire Bessozet, « en la cité d'Aoste et en la rue dessus des prêtres, dans les domiciles de la chapelle de Saint-Sébastien ».

(1) Jean-Etienne, de feu Jean-Baptiste Jacqueminaz-Andrion était petit-fils du notaire Jean-Jacques Jacqueminaz-Andrion, proche parent et héritier de noble Emmanuel-Philibert Andrion, décédé vers l'an 1637. Celui-ci avait, au bourg de Saint-Vincent, des biens et une belle maison bâtie par son oncle, le noble Michel Andrion, juge-châtelain du mandement de Montjovet dès 1563 jusqu'en 1583.

Avant le susdit Jean-Etienne Jacqueminaz-Andrion, les fermiers des revenus seigneuriaux de Saint-Vincent et dépendances avaient été successivement, dès l'an 1725, noble Michel Cérise-Mistralis de Saint-Vincent et noble Sulpice-Antoine Chandiou, notaire de Châtillon.

de tous leurs biens présents et futurs ont promis et promettent payer au dit Très-illustre seigneur comte Perron au temps et termes sus limités, à peines de tous dams, dépens, dommages et intérêts ».

Dans le susdit contrat d'extinction, ne sont pas compris « les moulins, forges, foulons, pistes et autres artifices annexés aux dits moulins situés aux pertinences de la Bourgeoisie de Saint-Vincent, mais restent à l'entière disposition du dit seigneur, comme par le passé; lequel seigneur en la personne du Rév. Sr Bizel s'oblige par serment comme susprêté pour lui et ses successeurs et causayants à l'avenir quelsconques à l'éviction perpétuelle pour la manutention du cours libre et entier du grand Ruisseau venant de Châtillon à Saint-Vincent destiné et servant pour l'usage des dits moulins et artifices et pour l'arrosement des biens de la Bourgeoisie de St-Vincent; réservés aussi en faveur du dit seigneur l'administration de la justice (1), les revenus des greffes (2), les caducités, confiscations,

---

(1) En vertu de cette réserve, le comte Perron continua à nommer les juges de Saint-Vincent et dépendances. Après le juge Bonini, dont nous ignorons le successeur immédiat, nous voyons figurer, en 1755, noble François-Boniface de Nabian, bourgeois de Verrès. De 1757 à 1764, ce fut l'avocat Joseph-Antoine Carrel, bourgeois de Châtillon; celui-ci remplissait encore cette charge en 1780 et 1787, tout en étant aussi, par intervalles, juge de Cly et de Châtillon. En janvier 1792, le juge de Saint-Vincent était l'avocat Bertolin et, en février 1793, l'avocat Victor-Amédée Pignet de Torgnon.

(2) Le 15 novembre 1749, par acte reçu par le notaire Jean-Antoine Quey, les greffes de Saint-Vincent et Rivière furent accensés par les deux syndics de Saint-Vincent pour

hoiries vacantes, lorsque les cas arriveront, ainsi qu'est expliqué par le règlement coûtumier ».

En cas que le présent contrat n'obtienne pas « l'agrément de Sa Majesté et l'entérinement de Sa Royale Chambre, réserve est faite *nunc pro tunc* que ce contrat restera sans effet et que, par conséquent, les parties resteront dans leur pristin état ».

Dans le cas contraire, il est convenu que le seigneur payera lui-même tous les émoluments sans qu'il en coûte rien aux Communautés respectives, qu'il fera à chacune d'entre elles main garnie d'une copie authentique soit du contrat d'extinction, soit du décret de son homologation, et cela un mois après et gratuitement, et qu'enfin, à l'avenir, ses successeurs, comme lui, « seront tenus à la manutention, éviction et garantie en ample forme du droit touchant la vente sus faite tant envers la

---

l'espace de trois ans et pour la somme annuelle de de L. 99, au notaire Jean-Baptiste Perret. Celui-ci s'engageait avec serment et caution « de servir fidèlement et avec exactitude les parties et d'exercer le dit greffe en conformité du règlement coûtumier ». Il paraît que cet acte fut annulé ; car, deux jours plus tard, le Rév. Bizel, agent du comte, accensa les deux greffes susdits aux associés Jean-Antoine Sartoris de Parella (Ivrée), et au notaire J.-B. Perret, bourgeois de Saint-Vincent. Ce dernier avait déjà tenu ce greffe en 1748. Le montant de l'accensement était de L. 60 pour le greffe de Saint-Vincent et de L. 25 pour celui de la Rivière, sommes à verser entre les mains des syndics de Saint-Vincent à la Saint-Michel de chaque année. Cet acte fut dressé par le notaire Bonini. Comme dans la plupart des actes de ce genre, il était convenu que « les greffiers devaient expédier *gratis* toutes écritures réclamées par le seigneur et par ses agents ».

.Couronne qu'envers tous autres seigneurs qui pourraient former à l'avenir quelques prétentions sur les revenus jurisdictionnaux sus vendus ; comme encore d'imposer la dite somme de vingt mille Livres sur quelques terres soit biens fonds sufsants et libres avec déclaration expresse que la dite somme est parvenue du prix de la dite extinction ». Le comte remettra aussi « aux dites Communautés les Livres terriers, protocoles et cottets concernants les fiefs situés dans les ressorts respectifs, receus par les feus égreges Jean Greffe, Martin Prince, Trèves et autres.. Moyennant le payement de la dite somme de vingt mille Livres et des intérêts d'icelle aux termes sus limités, le dit Rév. Sr Bizel, pour et au nom de qui il agit, comme bien payé, satisfait et content, at absout et quitté les dits sindics Conseillers et Communiers acquéreurs.... avec pact expres de ne jamais autre demande leur en faire en jugement ni dehors ; intervenant en ce les dhues clauses de devestiture, investiture, solution, quittation, mandat, constitut precaire et autres translatures de propriétés et possessoires à ce requises et nécessaires ».

Enfin, le mandataire Bizel ajoute qu'en cas de troubles ou molesties, « le dit seigneur sera tenu de prendre le fait et défense en main pour les dits acquéreurs et les leurs, se rendant pour cet effect, jurisdiciable du tribunal du Bailliage d'Aoste, où il fait élection de ses domiciles pour ce regard tant seulement, à peine de tous dams, etc. ; renonçant en outre à touttes loix, coutumes, privileges et exceptions contraires même au droit disant la generale renonce ne valoir si la spéciale ne précède. De quoy nous notaires soussignés avons été requis

recevoir un public instrument et d'en faire ensuite
plusieurs expéditions authentiques... Fait et prononcé
au tribunal du bourg de Saint-Vincent en présence
de Pierre-Joseph Dunand, originaire de la paroisse
d'Orsine en Haut-Faucigny du duché de Savoye,
Jean-Francois Storto de Perlo et Joseph-Clément
d'Entrechaux, province d'Avignon, tous habitants à
Saint-Vincent, témoins connus » etc.

Suivent les signatures de Pierre-François Bizel
prêtre, en qualité de procureur du très illustre seig^r
comte Perron, seigneur de Saint-Vincent; des syndics de Saint-Vincent : Jean-Louis Voût et Pierre-
Antoine Séris; puis, les signatures ou marques des
conseillers : Sulpice Cerise-Mistralis Jean-Jacques
Carlon, Jean Biava, Jean-Joseph du Page, Georges
Page, Jean-Antoine Favre, Jean-Pantaléon Chentre, Jean-Pierre Seris, Jean-Joseph Gorris, Jean-
Etienne Vuillerminaz dit Bennetta ; ensuite les signatures ou marques de Jean-François Gevroz et
de Jean-Gaspard Bonjean, procureurs de Champdepraz, de Georges Janton, syndic de la Rivière
de Montjovet, ainsi que d'André Ducugnon et de
Jean Gietta, munis de procuration des habitants
de cette même localité.

Viennent, après, les signatures ou marques de 225
autres propriétaires de Saint-Vincent, parmi lesquels : Joseph Chentre Curé, Jean-François Perret
prêtre, noble Georges Quey, noble Jean-Joseph
Quey, Jean Ravet notaire, Jean-Antoine Séris notaire, Antoine Champier notaire, J.-A. Carrel pour
sa femme, Jean-Etienne Jacqueminaz-Andrion, Jean-
François Guillet, Jean-Vincent Gorris, Antoine-
Bernardin Berruquier, ensuite plusieurs Péaquin,
Biava, Clappey, Martinod, Trèves, Charrière, Tor-

rent, Torrent dit Jacquemet, Torrent dit Crétaz,
Crétier, Thuégaz, Coronel, Dufour, Obert, Isabellon,
Chentre, Cornaz, Damay, Felley, Charbonnier, Po-
laz, Pollet, Barrel, Deanoz, Michod, Fornier, Melly
et Mellier (Mellé), Camos, Chadel, Vuillerminaz dit
Catin, Yon, Rieux, Rigollet, Lachet, Benand, Per-
ret, Morize, Sarteur, Personnettaz, Richard, Fleur,
Bieller, Boujean, Barmasse, Hugonet, Conchatre.

Les noms patronymiques des signataires suivants
ont disparu dans cette paroisse : Duloup, Rigane,
Grenod, Duclerc, Antognet, Blanc, Toën, Arsin,
Barba, Bourg, Bavarel, Grivon, Bétemps, Coërie,
Grange, Novallet, Daguin, Varizella.

L'acte est clos par les signatures des témoins et
des deux notaires.

Les communiers ou habitants de Champdepraz et
de la Rivière n'intervinrent pas à cet acte pour
apposer leurs signatures ; mais ils furent représentés
par leurs procureurs que nous avons signalés.

Quelques habitants de ces trois localités, étant
probablement absents du pays en 1748, ne passè-
rent que plus tard un contrat de même genre. Ainsi,
« Pierre de Jean Buillas de la Rivière de Montjovet, acheta du même mandataire, le Rév. Bizel,
un pré situé aux pertinences de Viereng, terroir de
la Rivière de Montjovet, de l'étendue d'environ
une éminée, mesure de Bard, soit de 227 toises,
pour le prix de L. 150, avec charge de payer dès
lors les tailles. » L'acte fut reçu le 5 juillet 1749,
par le notaire noble Jean-Antoine Quey, dans la
salle de sa maison, au bourg de Saint-Vincent.

§ III.

AFFRANCHISSEMENT DES CENSES
dans le Mandement de Cly
et, en particulier, à Valtornenche

Après avoir appartenu successivement aux vicomtes d'Aoste (1), à la Couronne, au capitaine Christophe Moralès et à la noble famille Fabri, la seigneurie de Cly était passée, vers 1638, à Emérentienne de Vaudan, femme du seigneur Pierre-Philibert Roncas, marquis de Caselle, qui l'érigea en baronnie.

Pendant plusieurs siècles, c'est-à-dire, dès la construction du château de Cly, en 1251, par le seigneur Boniface, petit-fils du vicomte Boson, les favetiers durent transporter leurs tributs des extrémités de Valtornenche, de Chaméran, de Diémoz et des autres parties du mandement, jusqu'à ce château, où était obligé de résider le châtelain. Ce ne fut que « vers la moitié du XVII° siècle que cette maison forte cessa d'être habitée et que le baron Roncas, ne s'accomodant pas de cette habitation

---

(1) Le vicomte Bozon, fils d'Aymon, était déjà, en 1200, seigneur de Cly, de Châtillon et de Challant. — En 1351, Pierre de Cly fut dépossédé du fief de ce nom, dévolu alors à la maison de Savoie. (DE TILLIER, *Historique*, 2ª éd., pp. 110, 112 et 249).

isolée et sauvage, fit bâtir, à l'extrémité occidentale du bourg de Chambave, le palais qui servit dès lors de château à toute la juridiction » (1).

A cette dernière époque, les revenus de ce fief n'étaient pas considérables, bien qu'il fût composé de sept paroisses et qu'il fût un des plus étendus du Duché (2). Une partie de ses biens ruraux avait été aliénée et beaucoup de censes avaient été affranchies par les Fabri (3).

Tandis que Philibert Roncas faisait procéder à la rénovation des reconnaissances de ses terres, un procès surgit entre lui et la commune de Valtornenche, représentée par le syndic Georges d'Antoine Hosquet, « touchant l'exaction des usages consistans aux espèces d'or, d'argent, et monnoye contenus dans le livre terrier de dite paroisse ».

Une transaction eut lieu, le 4 janvier 1658 entre le baron et le susdit syndic, assisté du notaire Jean-André Perron et de plusieurs conseillers. Cette transaction, autorisée ensuite par le juge de la baronnie, Aimé Perron et reçue par les notaires Pierre Duc et Hugues Pastoret, réduisait, pour chaque année, les devoirs féodaux de cette commune vers le château de Cly : 1° à la redevance de vingt-deux pistoles de bon or, soit de leur équivalent ; 2° à une marmotte que les gens de Valtornenche devaient fournir, en vertu d'une ancienne inféodation, « à eux faite de la chasse de la marmotte rière leur paroisse » ; 3° à une livre

(1) De Tillier, p. 253.

(2)   Id.   p. 252, et ci-devant pp. 16 et 17.

(3) De Tillier, p. 252.

de cire due par la prévoté de Saint-Gilles de Verrès pour la montagne du Layet. Le tout devait
être porté annuellement au Palais de Chambave.

Roncas s'était réservé en outre « le droit de baguette, domaine direct, lydes (leyde) et autres extraordinaires », ainsi que la faculté de chasser et
de pêcher pour son usage à Valtornenche, tout en
autorisant les manants d'y exercer aussi eux-mêmes
toute sorte de chasse et de pêche, et de faire des
règlements à cet égard. Le baron cédait aussi à la
communauté « tous défauts d'insinuation et consi-
gne sauf toutefois les émoluments des greffiers ».
Enfin, il s'était engagé à faire ratifier cette transaction par son épouse, et c'est ce qui eut lieu le
14 mai suivant. Par ce dernier instrument, dressé
par le notaire Hugues Pastoret, les habitants de la
commune de Valtornenche furent dispensés de se
rendre à l'avenir au greffe de Cly, à Chambave,
pour consigner leurs acquisitions. Cette opération
devait se faire dès lors près d'un habitant de leur
paroisse, désigné par eux. Ils furent, en outre, autorisés à permettre la chasse et la pêche à n'importe quel étranger « moyennant la somme de cinq
pistoles pour une fois, payée ès mains du dit seigneur ».

Plus tard, par acte du 8 juin 1679, les Roncas
se départirent, sauf l'usufruit leur vie durant, de
leur baronnie de Cly en faveur du président du
Sénat de Piémont, Jacques-Antoine-Philibert Bergera, comte de Marene et fils aîné de leur seconde
fille Marie-Marguerite. Ce seigneur étant mort à
Châtillon en 1724 (1), son petit-fils, Jacques-An-

(1) DE TILLIER, *Nobiliaire*, famille Bergera.

toine Bergera, qui lui succéda dans la baronnie
de Cly, eut, à son tour, des difficultés avec ses favetiers de Valtornenche. La répartition du cens annuel « des vingt-deux pistoles et marmotte requises » n'avait jamais été faite, et cette opération
était devenue, avec le temps, si épineuse qu'aucun
commissaire ne voulait s'en charger. Les habitants
se refusaient donc à payer une quote quelconque.

Ayant appris, sur ces entrefaites, comment les
censes venaient d'être éteintes à Saint-Vincent, le
13 octobre 1748, et sachant que quelques paroisses
du mandement de Cly travaillaient également à se
délivrer de leurs tributs féodaux, ils supplièrent
le baron Bergera d'en venir à une transaction sem-
blable avec eux. Ce seigneur ne demandait pas
mieux pour lui comme pour ses sujets.

Ne pouvant se transporter personnellement à son
fief, il fit rédiger, le 14 février 1750, dans son palais de Savigliano, par le notaire Paul-Octave Mon-
dino, un acte par lequel il chargeait Jacques Grosso
de Cambiano, son procureur général dans le mandement de Cly, résidant à Chambave, de traîter,
pour l'affranchissement des censes, avec les communes de Veraye, Saint-Denis, Torgnon, Antey,
Valtornenche et Chamois (1). Il donna à Grosso

_____

(1) « ..... L'illustrissimo signor barone Giacomo Antonio
Francesco Bergera, per lui e suoi heredi e successori tanto
nella primogenitura che feudo, a constituito e constituisce
in suo procuratore speciale.... il sign. Giacomo Grosso.... con
facoltà di far la vendita e cessione perpetua dei redditi e
feudi della baronia di Cly e terre dipendenti della medesima,
cioè Veraye, Saint Denis, Torgnon, Antey, Valtornenche e
Chamois, e tal vendita e cessione a favore delle Communità,

toutes facultés pour céder à ces communes, moyennant le versement d'un capital à déterminer, tous les tributs féodaux, consistants en blé, vin, moutons, chapons, perdrix, gingembre et autres denrées spécifiées dans les actes de reconnaissances. Le baron ne se réservait que « l'administration de la justice, la rente du péage, la caducité, la confiscation et les hoiries vacantes ».

Cet acte de procuration fut suivi à bref délai, c'est-à-dire, dans l'espace d'une année, des contrats d'extinction des rentes « des communes de Saint-Denis, Antey, Torgnon, Veraye et Chamois, moyennant les capitaux promis par contracts du 27 mars, 21 avril, 24 octobre 1750, et 24 janvier et 6 février 1751 » (1).

---

uomini e habitanti in dette rispettive parocchie presenti e avenire, di tutti li censi, rendite, decime, serviti, fedeltà, placiti, landomi e ogni altro tributo feudale di qualsivoglia specie e denominazione che potranno essere, consistenti in segla, frumento.... e ciò mediante il prezzo che stimerà giusto,.... e servite le regole portate nell'istrumento di transazione tra il Barone Perrone e la Communità di Saint-Vincent.... »

La Commune de Chambave, qui ne figure pas ici avec les autres de la baronnie, n'avait vraisemblablement pas encore fait sa demande d'affranchissement. Par contre, la paroisse de Chamois, que De Tillier, dans son *Historique* p. 252, n'énumère pas avec les autres du mandement, en faisait partie, en 1750, d'après l'acte susdit de procuration et d'après le contrat d'affranchissement de Valtornenche.

(1) C'est l'acte postérieur d'affranchissement de Valtornenche qui indique les dates de ces contrats, sans désigner toutefois les notaires qui les rédigèrent.

Les habitants de Valtornenche voulurent, à leur tour, avant l'ouverture des travaux du printemps 1751, passer leur acte d'affranchissement, pour avoir la joie de cultiver au plus tôt des biens, qui allaient leur appartenir désormais en toute propriété. Malgré la rigueur de la saison, le Conseil convoqua donc tous les communiers intéressés à se rendre, le 7 février, à une assemblée générale, dans laquelle ils devaient nommer quelques procureurs pour stipuler le contrat projeté. Cent-cinquante-huit chefs de famille se trouvèrent, au jour fixé, près du cimetière de Valtornenche, devant les notaires Jean-André Engaz et J. Jérôme Pignet, et là, « en leur nom comme au nom des leurs et des absents de la paroisse, ils nommèrent pour leurs procureurs spéciaux : Jean Laurent de Laurent Gorret, syndic moderne de Valtornenche, ... et ses conseillers, (1) pour contracter avec le sieur Grosso, les tributs feudaux dûs par les particuliers de Valtornenche à la directe de Cly en quoi qu'ils puissent consister tant portés par transaction du 4 janvier 1658 qu'autres quelconques et pour en convenir du prix, régler les termes et soumettre les constituans au payement d'iceux, et généralement faire et agir, traiter, convenir et négocier *cum libera rerum administratione,* le tout sous les deues clauses et promesses de relevation..... avec le serment d'a-

_____

(1) Voici les noms de ces conseillers : Antoine de Jacques d'Hérin, Jean-André de Jean-André Machet, Jean-André de Jean-André Gorret, Pantaléon de Georges Aymonod, Jean-André Carrel, Jean-Grat d'Antoine Perron, Jean-Antoine de Gabriel Pession, Jean-Michel de Michel Pellissier, le notaire Jean-Grat de Grat Perron et Jacques de Jean-Jacques Meynet.

gréer le présent sans y contrevenir en façon quelconque ». Suivent les signatures ou les marques des *constituans,* puis celles du syndic, des conseillers, des témoins et des deux notaires qui reçurent l'acte.

Le lendemain même, 8 février, « au devant du cimetière, fut dressé par le notaire Jean-Jérôme Pignet, l'acte définitif d'affranchissement, qui s'ouvrait par les préliminaires, dont nous avons déjà donné connaissance dans les pages précédentes. Après lecture de la procuration passée par le baron de Cly en tête de J. Grosso, celui-ci, au nom de son principal et de ses successeurs, pleinement informé des droits du comte Bergera sur la baronnie de Cly ainsi que des avantages que lui procurera cet affranchissement, après serment prêté, vendit purement et irrévocablement à la communauté de Valtornenche et particuliers d'icelle » aux personnes de son syndic et de ses conseillers, procureurs établis la veille, ainsi que du Rév. curé Jean-Pierre Aymonod, du Rév. vicaire Jacques Perruquet, des notaires Jean-Jacques Pession et Jean-André Engaz et de onze autres particuliers, « présents et acceptants pour eux et leurs hoirs et pour les autres communiers absents, sçavoir la dite rente annuelle de vingt-deux pistoles et une marmotte pour la somme de 12.233 Livres, 6 sols et 8 deniers, payable dans six années prochaines à commencer depuis le premier janvier 1752, par termes égaux de 2038 Livres, 17 sols et 9 deniers chaque année, avec les intérêts convenus sur le pied de trois pour cent, qui sont 367 Livres ».

En renonçant à la redevance des pistoles et de la marmotte, le baron se réserva la cire due au-

nuellement par la prévôté de Verrès, la faculté de
la chasse et de la pêche sur le territoire de Valtornenche, le droit juridictionnel de baguette, et
autres droits portés par la transaction de 1658 et
autres documents.

Le syndic, les conseillers et les communiers promirent avec serment et « sous l'obligation de tous
leurs biens présents et futurs, de payer les sommes
susdites au seigneur de Cly, rière le bourg de Chambave, aux termes indiqués et à peine de tous
dams..... » etc.

Viennent ensuite, reproduites littéralement de
l'acte d'extinction des censes de Saint-Vincent, diverses clauses qui sont résumées aux pages 77 et
78 ci-devant, et auxquelles il n'y a à changer que
les noms des seigneurs et de leurs mandataires, ainsi
que la somme promise respectivement par ces deux
communes. Quant aux livres terriers et autres titres,
le baron de Cly devait remettre tous ceux qui con-
cernaient Valtornenche et qui avaient été reçus
par les notaires et commissaires Maillet et Duc.

Cet acte finit comme suit: « Fait et prononcé
aux présences du Rév. Denis Contoz, curé de Saint-
Denis, et du sieur avocat Joseph-Antoine Carrel,
bourgeois de Châtillon, témoins connus et requis,
lesquels, le dit sieur Grosso et une partie des sus-
nommés se sont souscripts au pied de l'original du
présent et les autres ont fait leur marque domestique pour ne savoir écrire ».

« Moi Jean-Jérôme Pignet de Torgnon notaire
royal certifie d'avoir reçu et prononcé l'extinction
des tributs feudaux. »

§ IV.

EXTINCTION DES CENSES

la baronnie d'Aymavilles

Nous reproduisons ici *in extenso*, non seulement le contrat d'affranchissement d'Aymavilles, mais encore les principaux documents relatifs à cet acte important. Ce sont, d'après leur ordre de date :

1° le verbal d'audience, contenant la convention de gré entre les communes d'Aymaville, de Gressan, de Jovensan, de Saint-Georges et de Notre-Dame de Rhêmes.

2° la copie d'arrêt de la R. Délégation.

3° le contrat d'affranchissement en 1789.

4° l'approbation de cet acte par le Roi.

5° l'entérinement de ce même contrat par la R. Chambre des Comptes.

Ces divers documents, que nous avons trouvés çà et là, et que nous aimons à réunir ici, présentent, dans leur ensemble, comme un type complet des anciens affranchissements des censes, et donnent une idée des travaux intelligents des populations valdôtaines pour l'amélioration de leurs conditions économiques.

les Communautés d'Aymavilles, Gressan et Jovensan demanderesses

ET

le seigneur Philippe-Maurice de Challand Baron des Aymavilles des Seigneurs pairs et conseillers commis de ce Duché, deffendeur.

L'an mil sept cent quatre vingt huit et le jour douze novembre à la Cité d'Aoste au Bureau de l'Intendance par devant Nous Jean-Baptiste Réan Vice-Intendant, et en ce fait comme membre de la Royale Délégation, Rapporteur de la cause, en assistance de Monsieur l'avocat fiscal de Sa Majesté, en ce Duché, Christillin, ont de nouveau comparu les Communautés demanderesses représentées par les mêmes Députés nommés dans le verbal d'audience du 18 juin dernier à la réserve de spectable avocat Pesse absent, lesquels Députés sentant les conséquences nuisibles au Public de ces Communautés, qui peuvent résulter du trop long retard de l'indécision de l'affranchissement par eux proposé du fief des Aymavilles par les délais demandés par le Seigneur Comte de Challand, et les ultérieures qu'ils pourraient encore obtenir auraient fait pressentir le Seigneur Baron des Aymavilles si l'on n'aurait pas pu reprendre les traités et con-

venir des objets qui demeurent en contestation pour
regard de l'affranchissement dont s'agit sans préjudice des droits et intérêts dudit Seigneur Comte
de Challant qui à tout évènement auraient été exa-
minés par la Royale Chambre des Comptes à l'occasion de l'approbation du présent affranchissement,
à quoi le dit seigneur Baron des Aymavilles s'é-
tant dit prêt de se prêter de son côté, les parties
se seraient en conséquence abouchées de nouveau
aujourd'hui par devant Nous, non seulement pour
traiter du prix capital d'affranchissement des rentes
annuelles et casuelles féodales et emphitéotiques
dépendantes dudit fief, de l'acquisition des bois et
eaux, mais encore sur la prétendue nullité des inféodations de divers biens faite par les oncle et
grand oncle du seigneur déffendeur détaillées dans
une note produite ce jourd'hui par le dit seigneur Baron que nous avons visée pour en conserver l'identité, et après plusieurs contestations et
avoir tout mûrement de part et d'autre considéré,
et avoir examiné la valeur de chaque objet, notamment la tabelle des rentes dont s'agit produite
par le dit seigneur Baron et par nous aussi visée,
nous leur avons accordé acte des conventions de
grez arrêtées de la manière ci-après, sous la réserve de l'approbation de la Royale Délégation et
successivement de celles des Magistrats Suprêmes
à savoir :

I. — Que le dit seigneur Baron affranchirait les
dites Communautés demanderesses, tant à leur nom
qu'à celui des autres territoires où peuvent s'étendre les censes dépendantes dudit fief des Aymavilles, de toutes rentes annuelles, casuelles, féodales
et emphitéotiques portées par les états qu'il en a

présentés ou qui pourraient y avoir été omises, avec promesse de n'en jamais plus créer à l'avenir, et avec cession de la pleine propriété des bois, eaux, herbage et pacquiers qui n'auraient été inféodés que pour l'usage et généralement tous autres droits même ceux de bannalité de fours et moulins s'il y en avait, à la réserve des droits de pêche, chasse, greffe, amandes, minières, confiscations et biens fonds, se réservant sans doute son usage aux bois pour son chateau et granges, sur le pied de deux Communiers, de même l'usage des eaux nécessaires à l'abreuvage et à l'arrosemsnt de ses biens fonds, comme de celles dont pourraient avoir besoin ses fabriques au cas qu'il voulut les exercer, sans toutefois préjudicier aux arrosements, et quant aux eaux nécessaires à l'usage du chateau, les parties s'en sont remises aux avantages et charges usités par le passé pour ce regard.

II. — En correspectivité de ce que sus, les dites Communautés, par le moyen de leurs députés, se seraient obligées à débourser dans le terme de vingt ans pour prix du dit affranchissement la somme capitale de soixante onze mille et cinq cent livres, savoir la somme de soixante et dix mille livres pour l'extinction des rentes, cession de propriété des bois et des eaux, et des autres articles sus en premier lieu désignés, et celle de mille et cinq cents livres pour prix du désistement de toutes prétentions et difficultés qui auraient pu s'exciter des prétendues nullités et inefficacités des inféodations portées par la note sus visée, et toutes autres quelconques de cette même nature, à charge du dit seigneur Baron de rapporter de la Chambre des Comptes tant l'approbation des dites inféodations que du présent affranchissement. Duquel capital elles ont promis de payer en attendant l'intérêt au trois et demi pour cent jusqu'à plein acquittement d'icelui, et en proportion du capital restant à courir dès l'année courante incluse, moyennant que le dit seigneur Baron ne fasse aucune exaction des rentes de dite année courante, payable le dit intérêt à la Noël de chaque année à la réserve de celui dû pour l'année courante, lequel ne sera acquitté qu'à la foire de mai prochaine, vû l'impossibilité de pouvoir terminer les cottets et faire l'exaction vers les favetiers avant le dit terme.

III. — Que les frais d'approbation de la Royale Chambre des Comptes et de l'arrêt de la Royale Délégation seront à la charge, frais et diligence dudit Seigneur déffendeur, et ceux de vérification, répartition, cottets et exécution tant dudit capital que des intérêts seront à celle des Communautés demanderesses.

IV. — Que moyennant ce que sus le dit Seigneur déffendeur s'est obligé de remettre dans cinquante jours après l'approbation de la Royale Délégation, entre les mains de celui qui sera député par les dites Communautés toutes les Grosses, Terriers, protocolles, cottets et autres titres relatifs aux dits droits affranchis dont il pourrait être saisi, moyennant du décharge, et tout ce que sus a été réciproquement convenu sans vouloir en aucune manière préjudicier aux droits et intérêts du seigneur Comte Grégoire François Maurice de Challand, et avec réserve faite par les dites Communautés de répéter vers les favetiers les quatre cinquièmes du capital dû pour les censes, et même la portion des dites quinze cents Livres promises pour l'efficacité des inféodations sus narrées vers les respectifs possesseurs des fonds inféodés au prorata de ce qu'un chacun d'eux pourra y être tenu suivant qu'il sera arbitré ou par la Royale Délégation ou par le Bureau de l'Intendance, et enfin de répéter vers la Caisse générale de la Province tel capital qui sera arbitré par la Royale Délégation pour l'extinction des lods. De quoi tout a été fait et dressé le présent acte qui a été lu et prononcé aux dites parties que nous avons assignées et assignons à ouïr la prononciation du jugement qui sera rendu par la Royale Délégation, à l'effet de quoi nous nous sommes retenus les actes et pièces en distribution, et après lecture les dites parties se sont souscrites ci-après.

Fait et prononcé à icelles les an, jour et lieu que sus. Souscrit sur l'original Philippe Maurice de Challand Baron d'Aymavilles, Antoine Sulpice Gontier, Jean Antoine Bonin, Joseph Pantaléon Désaymonet, Jean Léonard Blanc, Jean Michel Montrosset Secrétaire, Jean Laurent Tercinod, ces deux derniers comme assistans leurs Communautés respectives, marqué aussi sur l'original Jean Jacques Jorioz, tous Députés, et signés ensuite Réan Rapporteur et Cristillin, contresigné le soussigné. —

Pour copie, signé De Tillier Secrétaire de la Royale Délégation.

COPIE D'ARRÊT DE LA R. DÉLÉGATION

Entre les Communautés d'Aymavilles, Gressan et Jo-
vensan demanderesses en affranchissement des rentes
dépendantes du fief et Baronnie des Aymavilles

Et le seigneur Philippe Maurice de Challand Baron
*d'Aymavilles, deffend.*ʳ

Vû les requêtes des Communautés demanderesses
décrétées céans le 10 Juin et 4 Juillet 1785, et 26
août 1786, les lettres d'ajournement des mêmes jours,
la requête du Seigneur deffendeur décrétée le 8 novembre suivant, autre requète des Communautés
demanderesses décrétées le 8 mai 1788, les verbaux
d'audience des jours 18 Juin, 23 Juillet, 21 août et
12 novembre même année, les actes de délibéra-
tions, consultes et procurations, les verbaux de vérification et les tabelles des censes dont s'agit, et
toutes les autres pièces, titres et mémoires énoncés
aux actes et visés par le Rapporteur, même la ré-
capitulation dressée d'ordre du même et par lui
aussi visée, et tout ce qui était requis voir vu et
examiné.

La Royale Délégation, ouï le rapport de l'avocat
fiscal en ses conclusions verbales, a approuvé et
approuve les conventions de grez contenues dans
le verbal du 12 novembre dernier sus visé, à charge
au Seigneur déffendeur de rapporter dans deux ans
l'arrêt d'approbation de la Royale Chambre relative
au présent affranchissement, et dans huit ans celui
de l'emploi du capital convenu, et en arbitrant à
trois mille livres le capital des lods qu'elle a ad-

jugé et adjuge en faveur des Communautés demanderesses, sur le fond à ce destiné dans la Caisse de la Province à compte du capital par elles promis ; elle a ordonné et ordonne que les parties passeront dans cinquante jours par devant le Rapporteur le contrat d'affranchissement en conformité des conventions comme sus projetées et approuvées, à peine, passé le dit terme, d'être sans autre le dit contrat tenu pour fait et passé, et avoir icelles avec le présent le même effet et force qu'icelui.

Fait à Aoste à la Royale Délégation le 10 Janvier 1789. Signés : De Mongenis, Réan, Passerin d'Entrèves et Cristillin, contre signé le soussigné.

Droits dus à la Délégation, L. 421.17.6, actes et papier tout compris.

Par copie extraite comme sus, Signé : De Tillier Secrétaire.

CONTRAT D'AFFRANCHISSEMENT

passé par le très illustre seigneur Philippe-Maurice de Challand, Baron d'Aymavilles, des seigneurs Pairs, Conseiller Commis de ce Duché

EN FAVEUR

des Communautés de sa Jurisdiction d'Aymavilles, Gressan, Jovensan et autres dans nommées.

L'an mil sept cent huitante neuf et le vingt huit du mois de Janvier, avant midi, au Bureau de l'Intendance de la Cité d'Aoste, rière le Bourg St-Ours, par devant le Seigneur Vice-Intendant Réan, comme membre de la Royale Délégation et Rapporteur de la cause, et moi Notaire Royal et Secrétaire de l'Intendance soussigné, en présence des témoins ci-bas nommés, et en assistance de Monsieur Christillin Avocat Fiscal de sa Majesté, sachent tous qu'en exécution de l'arrêt de la Royale Délégation du dix du courant, portant approbation des conventions de grez sur l'affranchissement des Censes dépendantes du fief et Baronnie des Aymavilles d'entre le Seigneur Philippe Maurice de Challand, Baron des Aymavilles, comme possesseur actuel du dit fief, et les Communautés de sa Jurisdiction d'Aymavilles, Gressan et Jovensan, tant à leur nom que des autres Communautés coïntéressées, comme par verbal du douze novembre dernier, lequel affranchissement aurait été conclu sans préjudice des droits et intérêts du seigneur Comte de Challand au dit fief; désirant les parties réduire

leurs conventions en instrument public pour s'y
conformer, se sont en conséquence constitués en
personnes par devant qui sus le dit seigneur Philippe Maurice, fils à feu François Octave Comte de
Challand, natif du château d'Issogne, Baron des
Aymavilles, habitant au Bourg St-Ours, des seigneurs Pairs, Conseiller Commis en ce Duché, et
les Communautés d'Aymavilles, Gressan et Jovensan, et encore celles de Saint-Georges et de Notre
Dame de Rhêmes, par le moyen de leurs députés
respectifs, savoir: Celle d'Aymavilles représentée
par spectable Avocat Claude Joseph fils à feu sieur
Joseph Pesse, Conseiller Commis et Avocat de
Ville, natif d'icelle et y résidant, et Jean Léonard
à feu Jean François Blanc et Antoine Sulpice fils
à feu Pierre Antoine Gontier, tous les deux natifs
de dite paroisse et y résidans; celle de Gressan
par le moyen du dit spectable Avocat Pesse, et
de Jean Jacques feu Jean Martin Jorioz, natif de
Saint-Martin d'Aymavilles, résidant à Gressan, et
de Jean Marie de feu Adrien Impérial, natif et résidant à Gressan; et celle de Jovençan par le moyen du dit spectable Avocat Pesse et du sieur
Joseph Pantaléon à feu Marc Antoine Désaymonet
et Pantaléon à feu André Gontier, natifs et habitans du dit lieu de Jovensan; celle de St-Georges
de Rhêmes par le moyen du sieur Notaire Jean Georges, fils à feu Jean Pierre Favre et de littéré Jean
Georges à feu Michel Centoz, celui-ci natif de Notre
Dame de Rhêmes, résidant à St-Georges, et le premier
natif de cette dernière résidant procureur en cette
Ville, en qualité de Procureurs spéciaux et généraux établis par l'assemblée générale des possédans
fonds rière la dite Communauté, par acte du dix-

neuf aoust mil sept cent huitante quatre, Clap Notaire et Secrétaire; celle de Notre Dame de Rhêmes
par le moyen d'Etienne à feu Michel Centoz, et
de Michel fils à feu Michel Centoz, tous les deux
natifs et résidans au dit lieu, en qualité de Procureurs spéciaux et généraux, établis par acte d'assemblée générale des possédans fonds rière le dit
lieu, du vingt-trois aoust susdit, et les susdits Députés d'Aymavilles établis procureurs spéciaux et généraux par acte d'assemblée générale des possédans
fonds rière le dit territoire, du deux avril mil sept
cent huitante six, Montrosset Notaire et Secrétaire,
de même que ceux de Jovensan par autre acte sem-
blable en date du vingt-six mars précédent, le même
sieur Montrosset Notaire et Secrétaire ; ceux enfin
de Gressan par autre acte d'assemblée générale du
quatorze novembre dite année, Gaberand Notaire
et Secrétaire, et par acte de procuration passée par
le Conseil de Gressan, du vingt-deux décembre mil-
sept cent huitante huit, et vingt-deux janvier courant, Tercinod notaire. Lesquels en leurs qualités
respectives, réduisant en dispositive toute la narra-
tive contenue au dit verbal du douze novembre
dernier, qui sera joint au présent par insertion avec
l'arrêt d'approbation de la Royale Délégation du
dix du courant, ont réciproquement arrêté et convenu comme ci-après, en conformité d'icelui, et sous
les clauses et conditions y contenues et plus am-
plément détaillées au présent, savoir:

I°. — Que le dit Seigneur Baron d'Aymavilles
déclare affranchir, comme par le présent il affranchit les dites Communautés susnommées, tant à leur
nom qu'à celui des autres Communautés conïtéres-
sées sur le territoire desquelles peuvent s'étendre

les Censes dépendantes du dit fief des Aymavilles,
de toutes rentes annuelles, casuelles, féodales et
emphitéotiques portées par les états qu'il en a pré-
senté, même celles qui pourraient avoir été ommises, avec promesse qu'il fait de n'en jamais plus
créer à l'avenir, et de céder de même, comme il
cède aux dites Communautés de sa Jurisdiction la
pleine propriété des bois et des eaux, herbages
et paquiers qui n'auraient été inféodés que pour
l'usage, y compris le droit de percevoir du sieur
Pierre Gerbore le prix des bois et charbons pro-
venans des forêts d'Ozein, à la forme du contrat
passé entre le dit seigneur Baron et le sieur Nicolas Gerbore, du trente septembre mil sept cent
huitante, Chenevier Notaire, tant pour l'année dernière que pour l'avenir, et de même les droits qui
se percevaient pour les fours à chaux, ou pour
l'extraction tant de la chaux que des bois hors de
la Jurisdiction, et généralement tous autres droits
même ceux de bannalité de fours et moulins, s'il
y en a, à la réserve des droits de pêche, de chasse
et greffe, minières, amandes et confiscations et
biens fonds, se réservant le dit seigneur son usage
aux bois pour son château et grange sur le pied
de deux communiers, de même que celui des eaux
nécessaires à l'abreuvage et à l'arrosement de ses
biens fonds et à l'usage de ses fabriques, au cas
qu'il voulut les exercer, sans toutefois préjudicier
aux arrosements; et, quant aux eaux nécessaires à
l'usage du Château, les parties s'en sont remises
et se remettent pour ce regard aux avantages et
charges réciproques usitées par le passé et confor-
mément aux Reconnaissances.

II. — En correspectivité de ce que sus, les Dé-

putés des Communautés sus nommées se sont obli-
gés comme ils s'obligent, au nom de leurs principales, de débourser dans vingt ans pour prix du
dit affranchissement, la somme capitale de septante un mille cinq cents Livres, savoir : Celle de
soixante et dix mille Livres pour l'entière extinction
des rentes sus cédées, et cession de propriété des
bois et des eaux et des autres articles sus en premier lieu désignés, et celle de mille cinq cents Livres
pour prix du désistement de la part du dit seigneur
Baron de toutes prétentions et difficultés qui auraient pu s'exciter non seulement sur les prétendues nullités et inefficacités des inféodations que
le dit seigneur Baron allègue faites au préjudice
du fief, portées dans une note de vingt-six articles
par lui exhibée et signée, visée par le dit seigneur
Rapporteur, qui sera jointe au présent (1), mais même
sur toutes les inféodations de cette nature qui pourraient avoir été ommises en dite note, à charge au
dit seigneur Baron de rapporter à ses frais et diligence, dans deux ans, de la Royale Chambre des

---

(1) A la suite d'un long procès entre Charles-François-Oc-
tave, comte de Challant et son frère cadet, Maurice-Philippe,
la baronnie d'Aymavilles fut adjugée à ce dernier, en 1769,
par arrêt de la R. Chambre des Comptes. Le nouveau baron
tenta de revendiquer la propriété d'un certain nombre de
biens sujets à censes, qu'il disait avoir été vendus, au préjudice du fief, de l'an 1699 à 1720, par le baron d'Aymavilles, Antoine-Gaspard et par son successeur, Joseph-Félix
de Challant. Maurice-Philippe se désista ensuite de cette pré-
tention moyennant la somme de 1500 Livres, promises par
les possesseurs de ces biens. La liste de ces fonds inféodés
est trop longue et trop peu intéressante pour être insérée
ici.

Comptes, tant l'approbation des dites inféodations que du présent affranchissement, et dans huit ans l'approbation de l'employ du capital convenu, promettant les Députés sus-nommés des dites Communautés de payer en attendant au dit seigneur Baron, soit pour icelui à la Caisse des affranchissements que le dit seigneur Baron accepte pour sa débitrice, l'intérêt au trois et demi pour cent du capital comme sus convenu jusqu'à plein acquittement d'icelui et en rate part et proportion du capital restant à commencer dès l'année dernière incluse, moyennant que le dit seigneur Baron ne fasse aucune exaction des rentes de dite année, payable le dit intérêt à la Noël de chaque année, à la réserve de celui dû pour dite année dernière, qu'ils ne promettent d'acquitter qu'à la foire de mai prochaine, en égard qu'on ne peut terminer les Cottets ni faire l'exaction vers les favetiers avant ce temps.

III. — Que les frais d'approbation comme sus de la Royale Chambre des Comptes et de l'arrêt de la Royale Délégation des actes qui l'ont précédé seront à la charge du dit Seigneur, de même que la moitié des frais du présent contrat, et que par contre l'autre moitié des mêmes, et ceux de vérification, répartition, cottets et exaction tant du capital que des intérêts seront à la charge des Communautés respectives.

IV. — Que moyennant ce que sus le dit seigneur Baron s'est obligé comme il s'oblige de remettre dans cinquante jours entre les mains du Sieur Notaire Jean Laurent Tercinod commis pour les dits députés, toutes les Grosses, Terriers, Protocoles, Cottets et autres titres relatifs aux dits droits affranchis dont il pourra être saisi moyennant du décharge. De plus, sans préjudice des obligations solidairement contractées par les dites Communautés vers le dit seigneur Baron d'Aymavilles, il a été convenu entre les Communautés de la Baronnie d'Aymavilles et celles de Notre Dame et de Saint-Georges de Rhêmes, que celles-ci se chargent de payer à la Caisse d'affranchissement, savoir: Celle de Notre Dame de Rhêmes la somme capitale de douze cent cinquante trois livres, onze sols, six deniers, et celle de Saint-Georges de Rhêmes la somme capitale de deux cents huit livres, sept sols, six deniers, avec l'intérêt au trois et demi pour cent à la forme sus convenue par les autres Communautés, sans être tenue à plus pour leur portion des capitaux promis au dit seigneur. — Enfin, sur représentation du seigneur Baron que la division de son capital en vingt portions pourrait peut-être rendre plus difficile l'acquisition qu'il est obligé de faire d'un fond ou domaine pour y placer ses capitaux, et qu'il conviendrait mieux qu'il fut restreint à un plus petit nombre de termes pour que les portions des capitaux à payer chaque fois fussent plus considérables, s'est encore constitué le sieur Notaire Jean Laurent fils à feu le sieur Notaire Blaise Tercinod, trésorier des affranchissements, natif et habitant du Bourg St-Ours d'Aoste, assisté de Monsieur l'Avocat fiscal de Sa Majesté, et sous la réserve au besoin de l'approbation de la Royale Délégation, lequel sans préjudice des termes accordés aux Communautés pour l'acquittement de leurs capitaux vers la Caisse, s'est obligé de payer le capital de septante un mille cinq cents Livres en huit termes et dans l'espace de douze ans à courir depuis que le dit seigneur aura rapporté l'arrêt d'approbation de l'emploi de tout son capital et selon qu'il sera déterminé par les respectifs mandats qui seront expédiés par la Royale Délégation, ce que tout les parties ont promis et promettent de réciproquement observer et exécuter de point en point sous l'obligation et constitution, savoir: le dit seigneur Baron de tous ses biens présents et à venir, et les dits députés, des biens de leurs Communautés respectives, à peine de supporter tous dépens et dommages. De tout quoi Je Notaire ai accordé acte que j'ai lu et prononcé aux parties en présence de Marcel à feu Marcel Junier natif et résidant à la paroisse de St-Marcel, et de François Marie feu Pierre Beltrand natif du Bourg de Seisia, diocèse de Novare, habitant au Bourg de St-Ours d'Aoste, témoins connus et requis qui ont dit qu'ils se souscriront au bas du présent, de même que les parties, sauf le dit Jean Jacques Jorioz et le dit Marcel Junier illettérés de ce enquis, qui feront leur marque domestique; et je déclare avoir reçu du dit Trésorier Tercinod trente deux sols et quatre deniers pour droits de visite et d'insinuation du présent.

Philippe Maurice de Challant Baron d'Aimaville — Claude Joseph Pesse — Marque de Jean Jacques Jorioz — Jean Marie Impérial — Antoine Sulpice Gontier — Jean Léonard Blanc — Joseph Pantaléon Désaymonet — Etienne Centoz — Pantaléon Gontier — Jean Michel Centoz — Jean Georges Favre Notaire — Jean Georges Centoz — Jean Laurent Tercinod trésorier — Marque du dit Marcel Junier témoin — Francesco Maria Beltrame teste — Réan — Cristillin.

Ainsi que sus j'ai reçu le présent qui contient neuf pages et demi. En foi de quoi, je me signe Claude Laracine Notaire et Secrétaire.

LETTRES PATENTES

d'approbation de l'acte d'affranchissement

VICTOR AMÉ

Par la grâce de Dieu Roi de Sardaigne, de Chypre et de Jérusalem, Duc de Savoie, de Montferrat, d'Aoste, de Chablaix, de Génevois et de Plaisance ; Prince de Piémont et d'Oneille ; Marquis d'Italie, de Saluce, de Suse, d'Ivrée, de Céve, du Maro, d'Oristan et de Sézané ; Comte de Maurienne, de Genève, de Nice, de Tende, de Romont, d'Ast, d'Alexandrie, de Gocéan, de Novare, de Tortonne, de Vigevano et de Bobbio ; Baron de Vaud et de Faucigny ; Seigneur de Verceil, de Pignerol, de Tarantaise, de la Lumelline et de la Vallée de Sesia ; Prince et Vicaire perpétuel du Saint Empire Romain en Italie.

La Délégation établie au Duché d'Aoste pour l'exécution des lettres patentes du 2 juillet 1784 aiant approuvé par arrêt du 10 janvier 1789, les conventions portées par verbal du 12 novembre précédent pour l'affranchissement des censes, servis, lods et autres droits et devoirs féodaux appartenans au Baron Philippe Maurice de Challand d'Aimaville, rière les territoires d'Aimaville, Gressan, Jovensan et autres Communautés du Duché, à cause de la rente annexée au susdit fief et Baronnie d'Aimaville, moiennant le prix capital de 71.500 Livres, le contrat en a été passé en cette conformité le 28 du même mois, Laracine Notaire. C'est pourquoi, comme il s'agit de droits qui relèvent de Notre Cou-

ronne, par les présentes de Notre certaine science
et autorité Roiale, eû sur ce l'avis de Notre Conseil, nous mandons à Notre Chambre des Comptes
que lui constant, ouï Notre Procureur Général pour
l'intérêt du fief et du domaine, de la convenance
du susdit affranchissement, elle ait à l'approuver
en donnant les dispositions nécessaires pour l'emploi, et subrogation du prix des droits affranchis,
comme dans ce cas Nous l'approuvons et autorisons, en remettant les droits de lods, *tot quot et
quos* qui pourroient être dûs à nos Finances. Mandons à Notre Chambre des Comptes d'entériner les
présentes qui seront expédiées sans paiement d'é-
molument. Telle étant Notre volonté. Données à
Turin le huitième du Mois de Février, l'an de grâce
mil sept cent quatre vingt et onze, et de Nôtre
Règne le dix neuvième.

V. Amé.

V. Corte. — V. Maximin. — V. Moretti.

EXTRAIT DES REGISTRES

de la Roiale Chambre des Comptes

Sur la requête présentée Céans par le seigneur
Baron Philippe Maurice de Challant d'Aimaville
tendante aux fins d'enterinement des Lettres patentes par les quelles la Délégation établie au Duché d'Aoste pour l'exécution des Lettres Patentes
du 2 juillet 1784 ayant approuvé par arret du 10
janvier 1789 les conventions portées par verbal du
12 novembre precedent pour l'affranchissement des
censes, servis, lods et autres droits et devoirs feo-
daux appartenans au seigneur Baron recourant rière
les territoires d'Aimaville, Gressan, Jovensan, et
autres Communautés du Duché, à cause de la rente
annexés au susdit fief et Baronnie d'Aimaville, moyennant le prix capital de soixante onze mille cinq
cent Livres, le contrat en auroit été passé en cette
conformité le 28 du même mois, Laracine notaire.
S. M. a mandé à ce Magistrat que lui constant,
ouï son Procureur Général pour l'intérêt du fief et
du Domaine de la convenance du susdit affranchissement il eût à l'approuver en donnant les dispositions nécessaires pour l'emploi et subrogation du
prix des droits affranchis comme dans ce cas S. M.
l'a approuvé et autorisé en remettant les droits de
lods, *tot quot et quos* qui pourroient être dûs aux
Royales Finances, et mandé en outre d'enteriner
les dites Lettres Patentes qui seroient expédiées
sans payement d'émolument, et autrement comme
par la dite requête.

Vû par la Chambre la dite requête presentée aux fins que dessus signée Bordese Substitut du Procureur Pean, le decret mis au bas d'icelle de ce jourd'hui signé Bertalazou, avec les conclusions du seigneur Comte Peiretti Substitut Procureur Général de S. M. du même jour lesquelles sont de la teneur suivante.

Vû l'arrêt du 10 janvier 1789 par lequel la Royale Délégation établie en Val d'Aoste pour l'exécution des Lettres Patentes du 2 juillet 1784 a approuvé les Conventions portées par le Verbal du 12 novembre 1788 pour l'affranchissement des censes, servis, lods et autres rentes annuelles et casuelles féodales et emphiteotiques appartenantes au seigneur Recourant Baron d'Aimaville rière les territoires d'Aimaville, Gressan, Jovensan et autres Communautés avec cession en faveur d'icelles de la pleine propriété des bois, eaux, herbages et paquiers, et désistement de toutes prétentions et difficultés qui auroient pû s'exciter des pretendues nullités et inefficacité des inféodations portées par la note y énoncée, et ce moyennant le prix capital de L. 71500 payables par les dites Communautés dans le terme de vingt ans sçavoir 70000 Livres pour l'extinction des rentes et cessions susdites et 1500 livres pour prix du desistement des dites pretendues nullités ;

Le contrat qui en a été passé en cette conformité le 28 du susdit mois de janvier Laracine notaire ;

Les Lettres Patentes du 8 février dernier, par les quelles S. M. a mandé à ce Magistrat que lui constant ouï le Procureur Général pour l'intérêt du fief et du Domaine de la convenance du susdit af-

franchissement il l'ait à l'approuver en donnant les
dispositions necessaires pour l'emploi et subrogation du prix des droits affranchis comme dans ce
cas S. M. l'approuve et l'autorise en remettant les
droits de lods, *tot quot et quos* qui pourraient être
dûs aux Royales Finances ;

Le Procureur Général observe que la Baronnie
d'Aimaville qui s'étend rière les paroisses de Che-
vrot, de Gressan, de la Magdeleine, de Jovensan,
de Saint-Martin et Saint-Léger est de nature recte
et propre ainsi qu'il résulte par l'investiture pri-
mordiale du 23 octobre 1354 et autres successives
accordées à la Maison de Challant, et appartient
au seigneur recourant en vertu de l'Arret de ce
Magistrat du 13 septembre 1769; par le quel il a
été déclaré que le dit seigneur recourant devroit
être mis en la possession de la Baronnie fief et
appartenances d'Aimaville.

Sans entrer maintenant dans le détail de toutes
les opérations qui ont servi de base à la Délégation pour l'arbitrage de l'affranchissement dont il
s'agit, il suffira d'observer que l'on s'est exactement conformé aux regles prescrites à la Délégation établie en Savoie pour le même objet, par l'E-
dit du 19 décembre 1771 et que l'on a déjà suivi
à l'occasion des autres affranchissements faits par
le passé au Duché d'Aoste, et particulièrement de
ceux faits par les jurisdictions de Quart et de Nus
ainsi que l'on voit par le rapport et verbaux dres-
sés pour servir de base au jugement de la Délégation qui nous ont été communiqués.

Il n'est pas même nécessaire pour se convaincre
de la convenance du susdit affranchissement de
recourir aux considérations politiques de l'avantage

qui résulte toujours en général des contrats de cette nature en faveur des fiefs et du Domaine, car l'avantage de la Baronnie et fief dont il s'agit, est evident par l'augmentation sensible des revenus qu'il acquiert.

Il resulte en effet de l'acte d'ascensement des rentes et biens fonds annexés au fief d'Aimaville passé en faveur d'Oyen Bouil du 1ᵉʳ juin 1782, qui a eu son effet les six années dernieres que les dites rentes y compris les biens fonds n'ont pas produit au dela de L. 2505 pour la premiere année et de L. 2405 pour les cinq années suivantes de sorte que la commune des loyers des biens fonds étant de 500 Livres et plus annuelles, la ferme des rentes sur le pied du dit ascensement ne seroit que de L. 1900 annuelles : Ors le capital de L. 70 mille au trois et demi pour cent produit l'intéret annuel de L. 2450, d'ou il resulte une augmentation de revenu en faveur du fief de L. 550. Ce qui établit sans doute un abondant correspectif tant pour l'extinction des censes, que pour la cession de la proprieté des bois, generalité d'eaux, bannalité des fours, moulins et autres droits de cette nature aux quels le seigneur recourant a renoncé.

Il est aisé de reconnoitre ce même correspectif dans la somme de L. 1500, que le fief vient à percevoir de surplus pour le désistement contenu dans la convention susdite de toute pretendue nullité ou inefficacité de quelques inféodations faites par les ancêtres du seigneur recourant de biens fonds en faveur des particuliers si l'on observe que cette pretention ne paroit aucunement fondée, ainsi qu'on le voit par le rapport sus-énoncé, et que quelque peu qu'elle le fut ce defaut seroit suffisamment purgé par un capital de cette nature de façon que la convenance et utilité du fief à cet egard même ne peut être plus évidente et plus sensible.

D'après ces reflexions le Procureur Général n'empêche qu'en enterinant les Lettres patentes du 8 février dernier et en ordonnant qu'elles seront portées aux Registres de Céans pour être observées suivant leur forme et teneur l'affranchissement porté par l'arrêt de la Délégation du 10 janvier 1789 cidevant visé soit définitivement approuvé et homologué par ce Magistrat à la charge que les prix capitaux d'icelui demeureront subrogés tant en faveur des appelés au fief, que du Royal patrimoine aux droits cedés et affranchis à quel effet le seigneur recourant ne pourra en faire l'exaction en tout, ni en partie sans avoir préalablement obtenu de nouvelles provisions de ce Magistrat pour l'approbation de l'emploi d'iceux. Turin le 4 avril 1791.

Les dites conclusions approuvées par Notre décret aussi de ce jourd'huy signé Beltramo PP et Bertalazon de l'avis de la Chambre. Vû de plus les susdites Lettres Patentes de Commission à ce Magistrat pour l'approbation et homologation de l'affranchissement dont s'agit icelles sous la date du huitième du mois de fevrier dernier signées par S. M. duement scellées, expédiées, et contresignées Graneri, et tout ce que faisoit à voir lu et consideré.

La Chambre faisant droit sur la dite Requete, et ayant égard aux conclusions et consentement preté par le seigneur Procureur Général de S. M. a enterinué, comme par le present elle enterine les susvisées Lettres Patentes du huitième fevrier dernier, ordonnant qu'elles seront portées aux Registres de Céans pour être observées suivant leur forme et teneur, et en exécution d'icelles a approuvé définitivement et homologué l'affranchissement porté par l'arret de la Délégation établie au Duché d'Aoste du 10 janvier 1789 à la charge que les prix capitaux d'icelui demeureront subrogés tant en faveur des appellés au fief que du Royal patrimoine aux droits cedés et affranchis, à quel effet le seigneur Baron recourant ne pourra en faire l'exaction en tout ni en partie sans avoir préalablement obtenu des nouvelles provisions de ce Magistrat pour l'approbation de l'emploi d'iceux. Deliberé à Turin au Bureau des Comptes le quatrième du mois d'avril mil sept cent quatre vingt onze.

L. LARACINE.

Au lendemain du jour où la bien méritante Société de Saint-Vincent de Paul vient de célébrer le cinquantenaire de sa fondation à Aoste (1), il n'est pas sans intérêt de donner un coup d'œil aux autres œuvres de bienfaisance, créées par les Valdôtains en faveur de leurs compatriotes indigents. Nous ne saurions énumérer ici toutes ces œuvres, mais signalons-en au moins quelques-unes, qui ont été ou sont encore actuellement une ressource précieuse pour la Vallée et surtout pour la ville d'Aoste.

Sans nous arrêter à décrire certains établissements récents, tels que l'Orphelinat, le Refuge et l'Asile, dont les principaux fondateurs sont connus et dont l'ouverture n'eut lieu que dans les années 1875, 1869 et 1855, rappelons plusieurs œuvres de charité d'une date antérieure.

L'*Argent de Noël*, vraie providence des malheureux au cœur de l'hiver, est le titre populaire donné aux deux *Caisses des pauvres honteux des paroisses de Saint-Jean et de Saint-Etienne d'Aoste.*

---

(1) Ce premier cinquantenaire eut lieu le 25 janvier 1903.

Pleins de commisération pour les indigents en général, et en particulier pour les familles déchues, plusieurs ecclésiastiques et citoyens d'Aoste firent en leur faveur des fondations importantes, dans le cours du XVIII° siècle.

D'après quelques actes que l'on conserve aux Archives municipales de notre Ville, la première fondation de ce genre fut celle de François Rosset, marchand à Aoste. Par son testament du 2 août 1731 (Farcoz notaire), il légua la moitié de son hoirie, soit 8000 Livres aux pauvres honteux de Saint-Jean et de Saint-Etienne. Sa veuve, Françoise Quey, destina aussi, en 1743, la somme de 700 Livres à ce même effet (1).

Le Rév. Jean-Joseph Bic, chanoine de la Cathédrale, donna au Conseil de la Cité, vigueur de testament en date du 21 janvier 1736 (Farcoz notaire), la somme de 8000 livres, pour que le produit annuel fût employé « en vêtements et autres provisions à fournir, durant l'octave de Notre-Dame de la Conception » aux pauvres honteux de ces mêmes paroisses, d'après la désignation des curés respectifs. Il légua, en outre, aux syndics et aux conseillers de la Ville, son grangeage situé à Meysatta, sur Saint-Christophe, pour les compenser des

---

(1) Son testament nous révèle les noms de plusieurs médecins de l'époque, qu'elle fit intervenir comme témoins. Ce furent : Jean-Joseph Defey, Jean-Dominique Mollo, Jean-Laurent Thomasset et le chirurgien Claude-François Tascaz. Le cinquième témoin fut Georges Challand d'Orsières, étudiant à Aoste.

embarras que leur aurait causés l'administration perpétuelle de la susdite fondation.

En 1776, Jean-Baptiste Cuaz d'Arpuilles, dans ses dispositions de dernière volonté (J.-J. Curtaz notaire), et son épouse Marie-Antoine de feu Bon Pléoz, en 1779, laissèrent un fonds complexif de 2500 Livres environ « en faveur des pauvres honteux et des estropiés d'Arpuilles et du Bourg de Saint-Etienne. » Le curé local et le syndic étaient chargés de la distribution annuelle des revenus.

Jean-Joseph Magot, natif d'Issogne et habitant à la Cité, fit un legs en faveur de sa paroisse natale et donna le reste de sa fortune aux pauvres honteux de Saint-Jean et de Saint-Etienne. Ce testament, en date du 25 septembre 1790, fut dressé à Fénis par le notaire J.-A. Cavagnet.

En 1846, fut aussi léguée à la même Caisse la somme de L. 500, par Jean-Michel Jaccas, ancien secrétaire de la Ville d'Aoste.

Le 31 décembre 1745, Cécile-Thérèse Delutis de Mondovi, veuve Forest, habitante à Aoste, avait institué pour ses héritiers les pauvres honteux de la Cité, mais en chargeant son exécuteur testamentaire, le prévôt Joseph Raymond, de vendre ses avoirs et de les distribuer immédiatement aux familles indigentes, qu'elle indiqua en partie elle-même.

Une fondation plus riche que toutes les précédentes fut celle de François Gay, citoyen et conseiller de la Cité d'Aoste, mort le 19 mars 1786. Dans son testament, reçu par le notaire Antoine Gaberand le 13 août 1785, il nomma pour ses héritiers les pauvres honteux de la paroisse de Saint-Jean d'Aoste, « à l'exclusion des pauvres honteux de toute autre paroisse ». Le produit annuel de son hoirie devait se distribuer, chaque année, quinze jours avant la Noël (1).

Comme les revenus de cette dernière fondation et de celle du chanoine Bic, qui sont les plus notables, devaient être répartis vers la mi-décembre, il fut décidé qu'il en aurait été de même de tous les autres legs susmentionnés.

C'est évidemment aussi, à cause de l'époque de cette distribution, que les nécessiteux ont baptisée du beau nom de *Bourse* ou d'*Argent de Noël*, les deux caisses dont nous venons de parler. Actuellement (1903), le Conseil de Ville partage une étrenne annuelle d'environ 5000 francs entre les pauvres honteux de la paroisse de Saint-Jean, et une somme de 300 francs entre ceux de Saint-Etienne.

La paroisse de Saint-Laurent d'Aoste a aussi sa *Caisse des pauvres honteux*, appelée « *Caisse Cheillon* »

─────────

(1) Cette hoirie était composée d'une maison en la rue de Saint-Grat, de bon nombre de meubles et de créances, d'un magasin bien garni et d'une métairie, située à Croux, dans la banlieue d'Aoste, laquelle fut vendue par voie d'enchères, en 1789, à Pierre-Antoine Canova, pour la somme de 17.125 Livres (Archives de la Ville d'Aoste).

Le sire P.-F. Gay avait établi pour ses exécuteurs testamentaires : le chanoine J.-B. Raymond, le chanoine Jean-Marie Berluc, curé de Saint-Jean, l'avocat Pierre-Joseph Ansermin et le négociant Maurice Revillod, ces deux derniers, conseillers de la Cité. Les témoins de ce testament furent, entre autres, le seigneur Commis François-Louis de feu Gaspard Sarriod de la Tour et Jean Christillin d'Issime, avocat fiscal de S. M. à Aoste.

du nom de son fondateur, le Rév. Antoine Cheillon
de Porossan, chanoine de la collégiale de Saint-
Ours. Cet insigne bienfaiteur de sa paroisse n'eut
en vue, dans son testament du 29 septembre 1749
(Lale notaire), que ses chers pauvres de Saint-Laurent. Il les institua pour ses héritiers, en priant le
Vén. Chapitre d'administrer lui-même sa fondation,
tout en laissant au curé *pro tempore* le soin de désigner les pauvres à secourir. Les comptes de cette
Caisse sont soumis à l'approbation de la Préfecture
de Turin. Du revenu net, qui s'élève annuellement
à L. 2300 environ, la majeure partie est distribuée
aux indigents en denrées alimentaires de quinzaine
en quinzaine, et le reste leur est remis en numé-
raire à la Noël, d'après une disposition qui ne date
pas de loin.

Une institution charitable d'un autre genre à
mentionner ici est celle des *Rosières* qui doit son
existence à Mgr Pierre-François de Sales, évêque
d'Aoste, mort le 21 novembre 1783. Son testament
assigna trois dots annuelles, chacune de cent livres,
à payer, l'année même de leur mariage, à trois filles
pauvres et de bonne conduite, dont une de la paroisse de Saint-Laurent et deux de celle de Saint-
Jean.

Ces quatre Caisses sont en pleine prospérité depuis la fin du XVIIIᵉ siècle.

. Mais remontons plus haut et donnons connaissance d'un document inédit (1) de l'année 1733,
lequel met en lumière toutes les œuvres qui, avant

_____

(1) Ce document nous a été donné par M. le prof. O.
Mellé.

cette époque déjà, mais alors surtout, venaient en aide, dans la ville d'Aoste, aux déshérités de la fortune.

Sur l'ordre du roi Charles-Emmanuel III, le syndic d'Aoste et les directeurs de l'Hôpital des Pauvres (aujourd'hui l'Hospice de Charité) avaient dû dresser, en 1733, un mémoire indiquant les fondations de charité établies et fonctionnant pour lors à Aoste. Les voici :

1° Le mémoire susdit parle d'abord d'une somme de 14.000 Livres, dont l'administration avait été confiée aux Dames de la Visitation et dont le produit devait servir au soulagement des malheureux. A quelle époque fut faite cette fondation ? Quels en furent les auteurs et quels étaient les nécessiteux appelés à en bénéficier ? Notre document trop laconique ne le dit pas, mais nous allons suppléer à ce silence.

L'archidiacre René Ribitel, que sa position avait mis à même de connaître à fond les besoins de notre ville, couronna sa bienfaisante existence par un acte de charité inappréciable (1). La Cité d'Aoste n'avait pas encore un hôpital proprement dit pour

---

(1) Genevois de naissance et valdôtain de cœur, docteur en théologie et ès-droits, chanoine et vicaire général dès 1668, archidiacre en 1678, l'illustre René Ribitel est un des hommes qui ont su le mieux orienter leur bienfaisance. Sans rappeler ici diverses autres œuvres, il fonda, en 1695, la chaire de philosophie au Collège et la chaire de théologie morale au prieuré de Saint-Jacquême (aujourd'hui le Grand Séminaire), et donna ensuite tout ce qui lui restait aux malades pauvres, les privilégiés de son cœur.

les malades. Si, les infirmités et les souffrances phy-
siques, de quelque nature qu'elles soient, sont pé-
nibles pour tous, elles le sont plus encore pour ceux
auxquels tout manque, logis, soins, nourritures et
remèdes. Ce fut donc à ces malheureux que Ribitel
consacra ses ressources, dans les dernières années de
sa vie. Par deux actes de fondation faits en 1702 et
en 1708, il chargea les Dames de la Visitation « de
visiter et d'assister de leur mieux tant spirituelle-
ment que corporellement les *malades pauvres* des
paroisses de Saint-Jean et de Saint-Etienne » ; il
institua ensuite pour ses héritiers ces mêmes malades, vigueur de testament du 17 juillet 1710,
Cossard notaire. Le montant complexif de l'argent
et des biens parvenus ainsi à ces Religieuses s'é-
leva à la somme de 12.849 Livres, d'après une note
trouvée aux Archives Municipales d'Aoste.

Dès l'an 1702, mais plus encore après le décès
de Ribitel, survenu le 19 janvier 1716, une ou
plusieurs Visitandines portèrent, chaque matin, aux
malades pauvres, du bois, de la soupe, de la viande,
du pain, du vin et des remèdes. N'était-ce pas là
en embryon l'œuvre de Saint-Vincent de Paul ?

Quelques années plus tard, le noble et Rév. Jean-
Baptiste du Chatellard, chanoine de la Cathédrale
et prieur commendataire de Saint-Laurent de Chambave, légua, par son testament du 3 janvier 1733
(Farcoz notaire), la moitié de son hoirie à la même
Caisse, en augmentation des avoirs laissés par Ribitel. Les revenus de cette part d'hoirie, laissés en
jouissance à quelques parents du testateur, ne pas-
sèrent aux Dames de la Visitation que vers l'an
1770.

En 1806, quelque temps après la suppression de

ce monastère, l'administration de cette caisse passa
à la Ville avec obligation d'en verser le produit
entre les mains des deux curés de Saint-Jean et
de Saint-Etienne. De nos jours, le premier reçoit
et remet à ses malades pauvres quatre-vingt-dix
écus par an et le second, quarante.

2° En 1733, chaque semaine, avait lieu, à la porte
de l'Evêché, la distribution de deux setiers de pain
de seigle. — Auparavant, cette aumône était quoti-
dienne et à raison d'une émine par jour, mais à
partir seulement du premier jour de Carême jusqu'à
la foire de mai. C'était l'antique aumône dite de
prime, parce qu'elle se faisait à l'heure où le Chapitre
récitait l'office de prime ; cette obligation était im-
posée sur les revenus de la Maladière et sur d'autres biens et censes unis et confiés à la Mense
épiscopale.

3° Chaque année, depuis longtemps, le Conseil
d'Aoste faisait exiger dans la Vallée douze sacs
de seigle portés par censes, et le pain qu'on en
faisait était donné aux pauvres le dimanche de la
Pentecôte.

4° Le prévôt du Grand-Saint-Bernard avait dans
la Cité une maison avec jardin, biens et censes,
qu'administrait un de ses religieux ; celui-ci rési-
dait dans cette maison en qualité de recteur et
devait y tenir trois lits à la disposition des pèlerins qui pouvaient y loger une nuit (1).

---

(1) C'était l'ancien hôpital de Marchévaudan, fondé vers
l'an 1300, dont la propriété passa, en 1752, à l'Hôpital Mauricien et, successivement, à Etienne Robin, à la famille Vil-
lot et, en 1905, à M. Léopold Ferraris.

5° Dans la partie orientale de la maison Forré, soit sur l'emplacement primitif de l'hôpital Nabuisson, ou *de Columpnis*, il y avait encore, en 1733, une salle, etc., pour les pauvres prêtres pèlerins (1).

6° Mgr Gromis, en 1585, avait fait remettre aux syndics d'Aoste 62 sacs de seigle pour être prêtés aux citoyens pauvres et être retirés après chaque récolte. Avant 1733 déjà, en suite de guerres, d'épidémies, etc., la provision annuelle avait été réduite à 12 sacs.

---

(1) Voir ci-devant la note des pages 62, 63 et 64 ainsi que le mémoire de M. Marguerettaz sur l'*Hôpital de Nabuisson*.

Il est surprenant que notre document de 1733 ne mentionne pas aussi la *Ferme de Bibian*, qui dépendait du Grand-Saint-Bernard et où les aumônes, à cette époque, étaient bien autrement abondantes qu'aux hôpitaux de Nabuisson et de Marchévaudan, dont les secours étaient de préférence réservés aux pèlerins.

Ce document, se limitant à parler des œuvres de bienfaisance de la Ville d'Aoste, ne fait aucune allusion aux *Hôpitaux* bâtis, depuis plusieurs siècles, sur tous les points de notre Vallée, et qui tous avaient pour but de venir en aide, selon leurs ressources, aux voyageurs pauvres, aux pèlerins, aux indigents et aux malades.

S'il n'est pas question non plus ici de l'*Hôpital de St-Ours*, c'est que dès l'an 1703 il perdit sa destination pour devenir une caserne ou un hôpital pour les troupes de l'Etat ou de la France, qui traversaient notre Ville. Pendant huit siècles environ, une infinité d'indigents et de malades avaient trouvé assistance dans ce refuge, qui occupait l'emplacement actuel de la maison Rebogliatti. Outre les secours qu'ils recevaient du Chapitre, ils avaient part à l'aumône publique de la Septuagésime et à l'aumône journalière qui se distribuait, à l'heure de prime, dans le Cloître de la Collégiale.

7° En 1727, après son départ d'Aoste pour son nouveau siège de Tarentaise, Mgr François-Amédée d'Arvillars transmit au Conseil de Ville L. 1200 pour servir de noyau à l'établissement d'un Mont-de-Piété. Cette œuvre ne put guère prospérer, parce que les personnes qui auraient eu le plus grand besoin d'argent de prêt, n'avaient que peu ou point de meubles et d'objets convenables à présenter à titre de gages.

8° Le *Bureau de Charité* inauguré en 1721 (1), interrompu ensuite, essaya en 1733 de reprendre sa quête annuelle, qui en constituait la ressource principale. A cause de la mauvaise récolte, la collecte ne produisit que 15 setiers de seigle, 1 rup de sel, 1 émine d'orge, 20 livres de ceras et 17 livres en argent (2).

9° Sans mentionner les aumônes publiques des Chapitres, des confréries (3) et des Communautés (4)

---

(1) Le roi Victor-Amédée II, en vue de secourir les malheureux et de supprimer, si possible, la mendicité, avait envoyé dans le Duché, en octobre 1722, un Jésuite, le P. Guevare, avec mission d'y établir un Bureau de Charité. Ce religieux choisit lui-même les Directeurs de cette institution dans les trois Ordres des gens d'église, de la noblesse et du Tiers-Etat. Dès cette même année, ces établissements commencèrent à fonctionner dans la Cité et dans les principales paroisses ; mais, pour différentes causes, les quêtes vinrent à manquer et cette institution tomba définitivement vers 1734.

(2) Sur le *Bureau de Charité* établi au bourg de Saint-Ours, voir les pages 88 et 89 du IX° Bull. de l'Acad. S. Ans.

(3) Confréries d'hommes et de femmes, telles que celles du S. Esprit, de S. Nicolas, de S. Crépin, de S. Sébastien, de S. François, de Sᵉ Anne, de Sᵉ Barbe, etc.

(4) Maisons religieuses de S. Jacquême, des Cordeliers, des Capucins, des religieuses de Sainte-Catherine, de la Visitation et des dames de Lorraine.

alors si nombreuses dans notre ville, le mémoire en question parle en dernier lieu de la fondation de l'*Hôpital des Pauvres*, c'est-à-dire de l'*Hospice de Charité*, dont l'idée surgit durant la terrible épidémie du XVIIᵉ siècle. Il signale, comme le premier bienfaiteur de cet établissement, le noble André Savin, lequel espérant que la Cité aurait un jour fondé une maison pour les pauvres, légua à cet effet, par testament du 18 juin 1630 (Paris notaire), « une cense annuelle de 12 sestiers de seigle et de 24 sestiers de vin rouge », que ses héritiers auraient été tenus de consigner au dit hôpital dès qu'il aurait été fondé.

Plusieurs autres legs importants en denrées, en terres, en censes et en argent furent faits les années suivantes ; mais une maison manquait encore et le notaire Jean-Boniface Festaz, Trésorier Général du Duché, voyant que la Ville n'avait pas, pour lors, les moyens d'en bâtir une, fit donation par acte du 27 mars 1657, Tissioret not., de celle qu'il possédait, sans l'habiter, en la rue Malconseil. Ce bienfaiteur étant décédé le 22 septembre 1682, après avoir institué pour ses héritiers « les pauvres de Dieu » soit ce même Hospice (1), le Conseil de Ville fit procéder à l'inventaire de son hoirie (2) et à l'enchère d'une partie de ses meubles. Le 4 mars

---

(1) Testament reçu le 15 août 1658 par Etienne-Boniface Festaz, not. — Entre autres obligations, Festaz imposait celle de recouvrer dans cette maison deux nécessiteux de la paroisse de Gressan, dont il était originaire.

(2) Cet inventaire est mentionné dans le XVIᵉ Bulletin de notre Société, page 30.

suivant, les directeurs de cet établissement déci-
dèrent d'abandonner le local peu commode de Malconseil et d'installer l'Hospice là où il se trouve
aujourd'hui, dans la maison qu'avait habité Festaz,
près de la porte Vaudane ou Décumane. Diverses
réparations adaptèrent provisoirement cet enclos à
sa nouvelle destination (1).

Le mémoire, dressé en 1733, est suivi d'un autre
mémoire de l'an 1736, qui énumère tous les legs
faits jusqu'alors à cet établissement; il note qu'en
1710 le nombre des recouvrés n'était encore que de
onze ; qu'en 1736, malgré la difficulté de « l'exaction
des censes et des intérêts dispersés dans tout le
pays », malgré les dégâts occasionnés aux biens par
les inondations de la Doire, malgré les sécheresses
assez fréquentes, malgré les legs imposés sur les
donations, malgré les tailles considérables (L. 125),
le revenu complexif de la maison en censes, biens
ruraux et crédits s'élevait annuellement à la somme approximative de L. 3.500, et que l'on entretenait

---

(1) L'Ordre Mauricien ayant été supprimé par le Gouvernement français, l'Hospice de Charité et l'Hôpital de Saint-
Maurice furent fusionnés depuis le mois d'octobre 1801 et
administrés par la *Commission Administrative des Hospices
civils*, dont l'avocat Linty fut président. L'Hospice, auquel
on avait imposé la manutention de l'Enfance abandonnée,
était dans la détresse et, en 1806, la maison menaçait ruine.
En 1813, avant la reconstruction de cet édifice, l'Hôpital,
malgré ses embarras, avait déjà concouru pour L. 28.373 à
la manutention de l'Hospice. Le bâtiment fut encore restauré
et agrandi, en 1881, avec une dépense de L. 21.000.

42 recouvrés (1). C'était autant de vieillards et d'estropiés, à l'exception de quelques orphelins au-dessous de dix ans. Une religieuse, avec l'aide de trois servantes, pourvoyait à leur entretien. Les ressources de la maison étaient insuffisantes pour recevoir une centaine d'autres infortunés, qui demandaient à y entrer. Outre les recouvrés, l'Hospice devait encore assister les mendiants, les pèlerins (2) et faire porter chaque semaine des secours à des familles honteuses. Des valets étaient chargés du soin du bétail (17 vaches, un bœuf et un mulet) et de la culture des terres non admodiées.

Un ecclésiastique géra les fonctions d'économe dès l'an 1683 environ ; plus tard, il y joignit celles d'aumônier.

Les directeurs de l'Hospice y tenaient habituellement séance le dimanche vers midi.

Les revenus de cette maison sont aujourd'hui (1903) de L. 30.000 environ et les recouvrés dépassent le chiffre de soixante-dix, dont quarante hommes et trente femmes.

Nous finissons ici cet aperçu sur les œuvres de bienfaisance, qui ont vu le jour à Aoste depuis plus

---

(1) Dans le IX⁰ Bulletin de l'Académie de S. Anselme, on lit divers documents relatifs à l'Hospice et un inventaire ou Etat de cette maison, rédigé en 1788. — Voir dans le *Statut organique de l'Hospice*, publié en 1876, des détails au sujet des obligations de cet Etablissement, de ses nombreux bienfaiteurs, etc.

(2) De 1750 à 1780, cette maison logea environ 400 pèlerins par an (Archives de l'Hôpital Mauricien).

de trois siècles et qui y ont secouru tant de mi-
sères, séché tant de larmes. Honneur à nos ancêtres, chez lesquels la religion et le cœur battaient
à l'unisson, et qui nous ont donné de si nobles
exemples de charité et de vrai patriotisme !

TABLE DES MATIÈRES

Le pont romain et les ponts modernes de Châtillon . .   3

Anciennes peintures du couvent de Sainte-Catherine

à Aoste 21

L'extinction des censes dans la Vallée d'Aoste 32

   § I — Affranchissement des censes ecclésiastiques . 55

   § II — Extinction des tributs féodaux dans la sei-

     gneurie de Saint-Vincent 68

   § III — Affranchissement des censes dans le man-

     dement de Cly et, en particulier, à Valtornenche   81

   § IV — Extinction des censes dans la baronnie

     d'Aymavilles 89

Les Œuvres de bienfaisance à Aoste dans les trois

derniers siècles 113

Lightning Source UK Ltd.
Milton Keynes UK
UKHW021059090119
335176UK00013B/1711/P

9 780266 337034